城 市 革 命

——从公有到共有

［日］黑川纪章 著

徐苏宁 吕飞 译

中国建筑工业出版社

著作权合同登记图字：01 - 2007 - 1359 号

图书在版编目（CIP）数据

城市革命——从公有到共有/（日）黑川纪章著；徐苏宁，吕飞译.
北京：中国建筑工业出版社，2010. 11（2021.2重印）
ISBN 978 - 7 - 112 - 12424 - 4

Ⅰ. ①城… Ⅱ. ①黑…②徐…③吕… Ⅲ. ①城市学 Ⅳ. ①C912. 81

中国版本图书馆 CIP 数据核字（2010）第 179484 号

原书书名：都市革命
原书作者：黑川纪章
原书出版社：中央公论新社
本书由黑川纪章授权翻译出版

责任编辑：白玉美　刘文昕
责任设计：陈　旭
责任校对：张艳侠　刘　钰

城 市 革 命——从公有到共有
　[日] 黑川纪章　著
　徐苏宁　吕飞　译

*
中国建筑工业出版社出版、发行（北京海淀三里河路9号）
各地新华书店、建筑书店经销
北京雅盈中佳图文设计公司制版
北京中科印刷有限公司印刷
*
开本：787毫米×1092毫米　1/32　印张：5⅜　字数：155千字
2011年3月第一版　　2021年2月第二次印刷
定价：25.00元
ISBN 978-7-112-12424-4
　　　　　（36154）

目　录

* 本书图片、资料由黑川纪章建筑城市设计事务所提供

城 市 革 命

——从公有到共有

序　言

当今的政治世界，呼唤从官方到民间的结构变革。但是，国家和官方如果完全放弃公共作用而去追求经济至上主义的话，那只能产生霍里埃蒙那样的拜金主义者。

另外，如果仅从 VFM（Value For Money 经济性）方面评价利用民间资本建设公共设施的 PFI 模式（运用民间资金建设公共设施，从建设到管理尽可能高效率运行的政策，即 Private Finance Initiative 的缩写），其就是放弃公共的作用。但是，公共设施与公共建筑是传于后世的文化资产，而且，公共建筑应能起到创造更好环境的角色作用。正因为如此，评价 PFI 模式也应当包含 VFC（Value For Culture 文化价值）和 VFE（Value For Environment 环境贡献度）两方面。

从官方到民间的结构改革，如果仅以削减国家公务人员数量为目标，只不过是降低成本的经济观点。根本需求在于，与其看官员数量，更应考虑什么是有用人才，变革具有有效机能的组织结构这样的质的结构改革。

另外，少子化因劳动人口减少而被提出，这也有大量的议论，必须将视点从体力劳动的生产性向创意性活动的生产性转移。"体力劳动—移民—犯罪率增加"这样一个短路的思考是可笑的，在创意性和文化成为新产业发展关键词的时代，不是人口问题，而是如何培养具有丰富创造性的人才才是关键，人才向日本的转移和作为劳动力的移民具有本质的区别。

大学也同样害怕少子化问题，但是，想进入大学的亚洲各国的年轻人在激增，即便在欧美，想要学习日本现代文化的年轻人也确实在增加。大学进行面向世界开放的质的结构改革也是必要的。

对区分健康人和残障人、年轻人和老年人的福利政策采用新视点也是必要的。假如仅凭人的体力即劳动力来判断人类的生产性、创造性的话，残障人作为劳动力是劣等的，老年人比起年轻人来也是低劣的。但是，从现在开始的时代，是创意性的时代，是人的个性、创造力、智力、教养、经验，日积月累的专业技巧，以及对周围事物的观察力、诚恳待人将成为能动力的时代。在这样的新时代里，区分健康人与残障人、年轻人与老年人是没有用的。健康人与残障人共生的城市，年轻人与老年人协力共生的城市是必要的。只有构建可以自由选择退休年龄，颁发养老金年龄的制度，共生的城市才是福利的质的结构改革。

现在，政府机构的重组再一次被提及。迄今为止的省厅合并可以说只是办公空间变大，原有的组织没有任何变化，银行的合并也是如此，不仅人员没有减少，反而实际上只是系统的组合与改革，根本不是质的结构改革。

从大政府向小政府的转变是世界的潮流，即便人数少，也能起到巨大新作用的政府是必要的。只靠削减政府赤字、改善经济困境的经济改革只是数量上的构造改革。

关于高速公路冻结新设线路的讨论只是量上的讨论。现在，连接大城市、地区中心城市、地方城市的高速公路，大体上已趋于充足。但是，作为为 21 世纪下一代产业服务的基础设施，例如将机场、铁路、港口、高速公路做无缝连接的高速公路是不足的，有必要抓紧建设。这就是将城市、国土变革为 21 世纪型的质的结构性改革。国际的中枢空港和集装箱枢纽港，能够在离开城市地价更便宜的地方，瞄准国际物流通道来建设也是应该的，不是根据各种各样的地区和城市的需要建设起来的地方机场，而是作为国际战略的空港。

从官方到民间的结构改革，绝不是放弃公共精神、共有精神而走向市场原则和经济至上主义，还没有像当今这样追求公共精神、共有精神的时代。

在所有意义上，当今的日本缺少国际战略，应治理各种各样的政策，寻求综合性的、长期性的思考日本将来的思想和智慧。

大约是半个世纪前的事了，1959 年我写了一篇小论文，认为 20 世纪前半叶是"机器时代"，并预言从 20 世纪后半叶将开始"生命时代"。在那之后，我在约半个世纪中，提倡过信息、循环、新陈代谢、共生、生态学、可持续性，这些基本概念均是"生命的原理"。

所谓"生命的时代"是克服西欧二元论的共生的时代。是经济与文化的共生，人与自然、城市与自然的共生，艺术与科学的共生，理性与感性的共生，年轻人与老年人的共生，健康人与残障人的共生，部分与整体的共生，异质文化（宗教）共生的时代。

1992 年，在巴西召开了地球环境高峰会议，签署了"生物多样性条约"，指出了人类与其他生命的共生，城市与作为生态系统的自然共生的必要性。我设想在将来应该有制订"文化多样性条约"的必要。

迄今为止，地球上的文明，是由欧美的现代化引领的，并且看上去好像是基于二元论的合理主义的现代化，甚至是经济至上主义。这是达尔文主义所说的强者生存、适者生存，其结果就是霸权主义。明治时代的日本追赶欧美的现代化，成功地成为世界第二位的经济大国。但是所谓的"生命时代"是为了生命多样，认同多种文化价值的时代，是异质文化共生的时代，不是欧美文化的霸权，世界上无论大国、小国，正是其多样的文化、宗教、风土，才使地球变得丰富起来。

联合国教科文组织（UNESCO）在 2005 年 10 月 20 日的大会上，以多数赞成通过了确认各国独自的文化保护政策权利的"文化多样性条约"，包括日本在内的 148 个国家投了赞成票，但美国与签署"生物多样性条约"时的情况一样表示反对。该条约是为了防止某一国家的文化掌握着霸权，比如美国的电影和音乐席卷法国等其他国家的文化，是以各国的不同文化相互影响，和谐共生为目标的。

当今的世界与时代正戏剧般地持续着、经历着观念的转变，这其中，城市是反映所有时代矛盾的镜子。挖掘城市本质，面向新的共生时代，对城市进行"革命"，将改变时代，改变世界。这个革命，是从量到质的结构革命，是从经济到文化的结构革命，是重新构筑局部与整体、地区与国家、国家与世界的关系的结构革命。

1　世界的观念转变与城市化

城市是映照未来的镜子

进入 21 世纪,"城市的时代"终于开始了,关于城市的思考,与如何展望从今以后的人类存在方式重叠在一起。城市是什么? 人们住在什么样的城市里? 这些课题与 21 世纪的产业论相联系,是国家的目标,也与人类如何生存下去这样深刻的地球环境问题直接相关。

围绕城市的讨论与研究,对于 21 世纪的人类来说是一个大的课题,并且这个课题与各种各样的学科领域的最前沿研究相连接。城市已成为映照未来人类社会,或是未来世界的镜子。

20 世纪自始至终被称为城市的时代,象征 20 世纪前半叶建筑运动的 CIAM(国际现代建筑协会)运动,在 1933 年的会议上通过了《雅典宪章》,宣告 "20 世纪是城市的时代"。

在创造世界的潮流中,城市从中世纪开始一直延续着,在 20 世纪,其特征是作为经济生产潜在力量的劳动力集中于城市,表现为城市人口的增加,特别是在产业革命发源地的英国,以曼彻斯特和利物浦等为中心,劳动人口激增,他们支撑着制造业。之后,由于蒸汽机等的发明,使机械得以发展,机器代替了体力劳动成为工厂的主角。于是,产业结构从以制造业为中心向以商业中心转移,工厂向城市外部转移,取而代之的是商行和百货公司等所谓商业设施形成了城市的面貌。这样一来,城市扩大了,大型化了,人口和财富在积聚,培育了支撑人类社会的经济和文化。这就是 20 世纪前半期城市化的过程,发展中国家也循着同样的道路在走。

如此，20世纪是城市的时代，但是我认为21世纪仍将延续城市的时代。实际上，对我这个观点持批判意见的是写作《第三次浪潮》的阿尔宾·托夫勒。迄今为止我和托夫勒有过数次对话，托夫勒将应该到来的IT时代定义为只要有计算机在哪里都可以工作的时代，因此是人口分散的时代，是"城市消亡的时代"。在这一点上，他与我认为的21世纪仍将再次成为城市时代的主张是冲突的，但是我想关于这一讨论已经有胜负了。就以日本而言，确定伴随着出生率降低，人口进入了减少期，但包括地方城市在内的大城市，仍然保持着活力。如果从经济性上来看，可以说是城市独胜的状态，21世纪仍是城市的时代是没有改变的。

但是，说20世纪是城市的时代与说21世纪也是城市的时代，其中的意义是不同的。20世纪的城市首先是以所谓劳动者的"人口"形成中心，工厂从城市迁往郊外之后，服务于它们的公司总部大楼和作为金融中心的功能留在城市里。城市发展经济，经济培养文化这样的构图在持续着。东京、纽约、新加坡、法兰克福，其状况是相同的，始终是经济的场所。

而对于21世纪的城市来说，重要的不是标示劳动力的"人口"，而是具有创造性的"人才"。20世纪将人口集中的地方叫做城市，21世纪应将人才集中的地方称为城市。即文化创造城市。在不同的信息、状态碰撞的地方能产生新的文化，正是创造性才是21世纪城市的动力。

另一方面，人口如果增加，必然需要生产粮食的农业耕地，为此就要砍伐森林。还有，不考虑集约化的城市，就会仅仅因为边缘的土地便宜这一理由轻易地继续扩大，由于这两个主要原因，地球上的森林在不断地减少。为了人类的继续生存，必须保存森林，为此，城市必须集约化。

从今往后的城市评价的决定性要素应是伴随环境的文化，我认为，这是使 21 世纪的城市得以发展的关键词。

从机器时代迈向生命时代

现在，发达国家发起的世界性的"城市化"有两个倾向，一是由于低密度化、郊区化带来的城市区域持续扩大及人口和产业的缩小，这是包括德国东部在内的现在众多发达国家依靠紧缩政策不好处理的问题；另一个倾向是信息化引起的全球城市间网络的建立所带来的向城市的集中。

为了理解新的潮流、世界性的城市化的本质，首先抓住其背景中某种根源性的，大时代中的观念转变是必要的。这种观念转变是从"机器原理时代"向"生命原理时代"的观念转变。

我撰写的题为"从机器原理的时代迈入生命原理的时代"的小论文是 1959 年的事，那前后的日子对我来说是人生中最充满刺激的时期。作为代表性的事件，就是 1956 年以雅典宪章为代表，确立现代建筑指导理念与方法论的 CIAM 运动的解体。当时的我体会到了一种犹如失去了教科书一般茫然不知所措的心情，在紧张不安的同时，不知道接下来开始的会是怎样的时代，但也是对未来充满着期待的时代。隔了一年之后的 1959 年，从准备"世界设计大会 1960"那时起，开始筹建新陈代谢小组。

我认为 CIAM 追求的东西是"机器的原理"，进一步说，如果用一句话来表达现代主义时代（从 19 世纪末到 20 世纪前半叶），可以说就是"机器原理的时代"。勒·柯布西耶说"住宅是居住的机器"，电影导演爱森斯坦说"电影是机器"，意大利未来派的马利奈蒂说"诗歌是机器"。像这样将现代的时代精神以"机器"来表现真是很精妙。

所谓的现代哲学、时代精神，假如要表述的话大概可以说是合理主义和二元论，是理性中心主义。科学技术优先，工业化社会是目标。以分析的手法组织社会、构建城市的功能主义的城市规划，以及运用其方法论的邻里住区规划、用地规划、控制规划等，正可以说是遵循将城市用部件构成的"机器原理"。

机器原理还是普遍性的原理，霸权主义的原理。相信研究作为世界通用语的世界语、作为全球标准的国际建筑风格（国际风格）具有普遍性，都是基于这种普遍性原理。不过，这种情况下的全球标准实际上只是强国的标准、欧美的标准，它恰如达尔文的进化论那样是适者生存、自然淘汰的原理，是基于强势种族的霸权主义。

包括明治以来的日本在内的发展中国家，为了求得等同于西欧化的现代化，那种经济与文化的霸权主义就无视众多中小国家多样文化的存在，将世界一元化作为目标。以达尔文为首，欧几里德的几何学、拉瓦锡的化学、康德的哲学、牛顿的物理学等，以及20世纪名为法国数学家小组，一般被称为"布尔巴基学派"的现代主义的理论体系，都是唯一有解和命题，研究科学性证明它们的方法的理论体系。这样的体系可以说是"机器时代"的象征。

不过，我认为这个"机器原理时代"在20世纪中期迎来了寿终正寝，从20世纪60年代起开始了作为新时代的"生命原理时代"。

生命原理的重要的关键词是新陈代谢、循环、突变、共生、信息和生态系统，这些全都是我迄今为止一贯追求的概念。

21世纪也被称为遗传因子的时代，随着完全地解读人的遗传因子，人类首次了解了自身的设计图，正是这一点可以说是生命原理时代最精彩的部分。

DNA 的螺旋结构是生命时代的象征。螺旋体城市的巨型建筑物以人工地基建造于海上、湖上，在这个人造土地上，每人可以建有 3 层的住宅。[螺旋体城市构想模型（1962 年）]

摄影　大桥富雄

1953年，英国科学杂志《自然》里刊载了由沃森和克里克发现的DNA双重螺旋结构。为此，对于生命具有可见构造吃惊的恐怕不只我一个人吧，我立刻将其作为未来城市的空间结构加以引用发表，这就是1961年的"螺旋体城市"。正是这个螺旋体城市象征性地预言了20世纪后半叶以及21世纪是"生命原理的时代"，是遗传因子的时代。现代的"机器原理时代"以工业化社会为目标，是支撑布尔巴基学派的西欧中心主义和理性中心主义的时代。在螺旋体城市的构想中，注入了试图超越"机器原理时代"的合理主义与二元论的概念。

从二元论走向共生思想

我的"共生思想"的起点，是公元前300年左右在印度诞生的阿赖耶识思想，这个思想不是所谓有和无、理性和感性、人与自然的二元论，而是包含一切认识的唯识无境的学说。像这种理性和感性的共生、人与自然的共生的思想，在东方自古以来就广泛存在。但是在西欧，这种共生的思想常常是处于非重要位置的。例如，相对柏拉图和亚里士多德，有提倡原子论的自然主义和摆脱原子的德谟克里特、留克利希阿斯、埃匹克拉斯等人，与伽利略和牛顿的客观主义的合理主义相对的有莱布尼茨和斯宾诺莎的巴洛克式的自然科学。在《巴洛克论》[E·道尔斯（Eugenio d'Ors）著，成濑驹男译，筑摩书店，1969年]一书中，道尔斯称"所谓巴洛克的精神，是女性的精神，是同时包含有肯定与否定的东西"。

我对于"共生"这个词进行定义是在20世纪60年代，但实际上对共生思想的研究可以上溯到追求新陈代谢（1960年代开始的日本最初的国际建筑运动）之前的京都大学时代。其思想根源是中学时接受的椎尾弁匡老师的"伴生佛教"，其后在京都大学知道了唯意识论（阿赖耶识思想），在研究中产生了"中间领域"、"两义性"、"关系的时代"等关键词。共生这个新的思想便是从椎尾弁匡老师的"伴生佛教"与生物学的"共栖"合成转读为"共生"而开始的。

我之所以青睐生物学，是因为在研究生命的原理方面有相同之处。了解了生命的组织不是机械性的连接，而是信息性连接之后，我开始依靠"信息"这个关键的概念来思考建筑与城市。相对于"机器原理时代"以工业化社会为目标，"生命原理时代"以信息化社会为目标。当然，生命的时代将成为多样化的时代。必然到来的信息化社会将走向多样个性的共生、多样文化的共生。我认为生命时代是没有边界的，是快速流动（流动的人＝流动的社会）的时代，是游动的时代（新的游牧民的时代），将成为全球化和地方性同时发展的"共生的时代"。

如同前面所说的那样，在1992年巴西的地球环境高峰会议上，世界各国签署了《生物多样性条约》。为了保护多样性的生物种群，最有效的方法是构筑连接生态系统（森林等）之间的生态廊道。为了维护种群的多样性，小动物、鸟类、昆虫等在生态系统之间移动这样的多样种群相互交流是必要的。这些也启示了对于保护人类文化的多样性，异质文化之间的相互交流也是重要的。

与牛顿力学、欧几里德几何学及达尔文的进化论等相比，生命时代的新学说是什么呢？是戴维·皮特的共时性、阿瑟·库斯勒的合龙学说（整体与部分的共生）、戴维·约瑟夫·玻姆的量子势诠释（包含在部分之中的秩序）、曼德·布洛特的分型几何学、普里高津的耗散结构、赫尔曼·哈肯的协同学等，它们都超越了机器时代的二元论，均贯彻了共生的思想。这些新的科学领域中的共通点是容许部分自我生成的秩序，模糊的、具有双重意义的秩序，不一定要将模糊的部分全部分析也可以整体地去把握的复杂科学的共同点。我从 1959 年开始一直追求的恰恰就是这样一种"生命原理时代"的新思想，由此成为向新陈代谢城市、共生城市以及生态城市、可持续发展城市等发展的起点。

20 世纪前半叶的欧洲以及后半叶的美国，对世界的现代化起到了重要的作用。现代化使得在精神文明方面发展了自由与民主主义，在物质文明方面发展了科学技术和经济，其结果是出现了巨型大都市。另外，在欧洲漫长历史中常常作为主流的二元论、合理主义、分离主义的思想支持着科学技术和经济发展，促进了现代化。不过，在以用科学能证明的客观基准为基础，促进相互理解，迅速决定向前发展的合理主义的二元论世界中，排斥所有模糊领域和发展中国家的文化，将科学的、现今科学还不能证明的未知领域也作为非科学的、非伦理的加以排斥。现代主义的城市思想、现代建筑的思想也没能摆脱这种机器主义的原理。

但是，今天我们可以看到在宇宙与生命的未知领域，一个接一个被科学所揭示的情况。在当代，"不被科学证明的就不是真实的，没有逻辑的"这种思想方法正在陆续解体。

这样说来，重视未知领域或者二元论中二元对立的中间领域的共生思想，不就是丰富的知识领域吗？但共生的思想不是否定、排斥二元论的思想，而是将二元论所排斥的模糊度和中间领域作为研究对象，克服二元论所持有的界限。认可部分的自我生成，包含有将复杂的事物原原本本地作为研究对象的复杂系统科学的非布尔巴基体系，试图克服二元论的限定。在 21世纪，资本主义对社会主义、人类社会对地球环境、经济对文化、科学对艺术、理性对感性、西方对东方这种二元论的构图将解体，探索二元对立的二者的共生。

迎接 21 世纪这个新世纪，当今世界要直面的是快速的地球环境、生态系统的破坏，另一方面是宗教的原教旨主义引发激烈的宗教对立与民族对立。伴随着科学技术的发展，经济的成长，无论谁都能获得世界信息的互联网的普及，将扩大着信息和富裕的差距。今天我们可以清楚的是，不与其他生物共生，人类是不能生存的，任何超级大国如果不与其他各国的文化共生也是不能生存的。没有文化（感性）也就没有经济（理性），没有艺术文化也就没有科学技术的发展。

"中间领域"及"共有领域"

出现在我们眼前的新时代，不是简单意义上的无界限的全球化时代，是多种文化共生，具有多样价值观的市民共生的城市时代。这样来说城市的全球化，也应是出现异质文化与价值观共生的城市。

但是，在现今世界各地发生的是包括恐怖主义在内的异质文化的冲突，是局部地区的纠纷，地球环境的破坏也在加速进行。共生之路虽是必然的，但却是不易的。

原本建立共生思想这个新概念的时候，我是将"对立、矛盾或者有激烈竞争关系的二者，以及多个对手间互相有必要成为进一步对手的关系"作为共生的定义。这是与调和、妥协、共存、融合这样的概念完全不同的，没有对立、矛盾就不会有共生。唯一的帮助是可以认识到对方有必要成为对手，我想这个基础就在"中间领域"里。

所谓中间领域，是在对立的相互之间创造的缓冲地带、交流的场所、对话的空间，是由第三方来调停，人类创造的人工自然、城市的共有空间（半公共空间），更是异质文化的交流场所。个体与个体的对立由第三者调停，国家与国家的对立由第三国或者邻国调停，欧盟和东盟这种地区性联盟，或者是联合国这样的国际机构，大概是处于中间领域吧。

例如，欧盟、东盟这种地区联盟，与NAFTA、APEC等经济联合体不同，作为更进一步的文化的、政治的地区联盟，起着更大的作用。

个体与整体的对立，可以通过在个体之中反映整体的独立与整体秩序或者分形结构的实现来理想地解决。作为过程，既不是个体也不是整体的中间领域，例如个人与社会之间存在的工作单位、商店、学校、体育场、社区、同学会、兴趣小组、宗教团体、NPO俱乐部等等，不是在起着很大的作用吗？

在这样的共生时代里，城市将成为什么样呢？在城市间贸易，城市间外交，城市网络时代的开始中，城市本身成为异质文化共生的中间领域、超越国与国关系交流的中间领域、联系个人与世界的中间领域的可能性较大。

生产与消费的循环、生产与再利用的循环、人类与自然之间生态学的循环、生与死的生态学循环、无界限化的人、物、信息循环等等这些系统，自然而然地将迄今为止作为对立项分开考虑的事物连接在一起，使其连续、共生。二元论产生了认为人类是保持理性的唯一特别存在的人类中心主义，以至于认为自然与人类是对立的。在认为人类是自然的一部分、生态系统的一部分的时代里，自然与人类共生的思想受到重视就是当然的事了。

当今世界正走向多种文化的共生，用迄今为止的发达国家对发展中国家、西欧文明对非西欧文明、社会主义对资本主义等的二元论式的思考已无法解释世界了。

曾经的科学只将可被逻辑说明的，能被科学证明的事物作为研究的对象，但是，复杂系统的科学，也研究尚未被解释明白的领域，即混沌的领域。这是与二元论最大不同的地方，也是和我的"共生思想"产生重叠的地方。

在共生思想中，能够将不能被明确证明的模糊领域作为中间领域进行说明。如果看一看迄今为止的科学史，还没有完全明晰的黑暗领域也在被逐渐一点点地解释、证明。例如，之前我们只限于了解月亮和太阳系，但使用哈勃宇宙望远镜就能实际观测到宇宙发生的原理。在迄今为止的欧洲二元论的现代科学中，这样的领域是未知的领域，常常被从知识领域和科学中排除。

如果我们这样来思考的话，现在所排除的领域，十年、二十年之后也许可以作为可理解的事物对待了。因模糊就完全放弃的二元论是危险的，因为不重要，就视为危险而加以舍弃的社会也是危险的。

2 城市的结构改革

环状城市

现在，必须着手的城市结构改革的目标涉及很多方面，其中，我自 20 世纪 60 年代起就一贯主张的是将城市放射状结构变革为环状结构。

从中世纪到现代的城市的基本结构，并不是没有古希腊爱奥尼亚的米利都、庞贝，长安、平安京等等方格网状的城市，但是，占据主流的还是放射状的结构。这是因为支配城市政治、经济的权力结构越单纯、强大，面向中心的放射状结构就越强烈，可以说是由中心控制的结构。在建筑中，监狱多采用放射状布置，是因为从中心的看守位置很容易监视到各个栋舍的走廊。这也是控制的结构。这种古典的王权时代的城市结构，在王权从历史的舞台上消失之后，作为对于金融资本和大企业、政府权力、官僚势力非常方便的结构，也被原样利用了。

随着社会权力的复杂化、多样化，并向民主主义、自由竞争的历史发展，如同在纽约的曼哈顿和洛杉矶看到的那样，方格网状结构就成了一般性的城市结构。不过，方格网状的城市结构尽管在一定程度上对空间均质化和交通分散起作用，但结果是城市任何地方均能作为 CBD（Central Business District——中心商务区）创造出中心结构，在其周边的方格网状道路引起交通堵塞并带来地价的高涨，结果不得不引入环状道路这种新的环状交通。

都市是小城市的集合，开放的城市意向。［线状城市"变形"（上. 1965年）、山形夏威夷梦幻乐园的环状城市（中）和蓼科观光开发规划中的环状城市（下）］

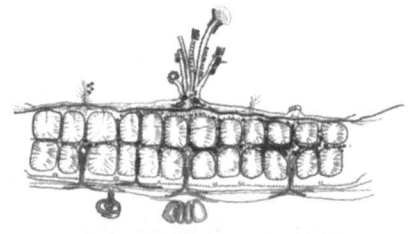

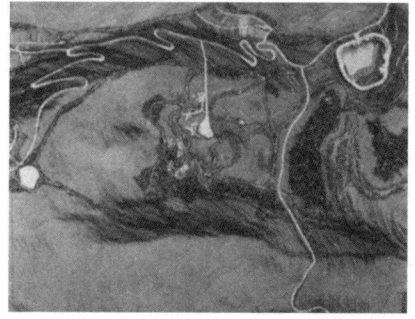

摄影　本乡秀树

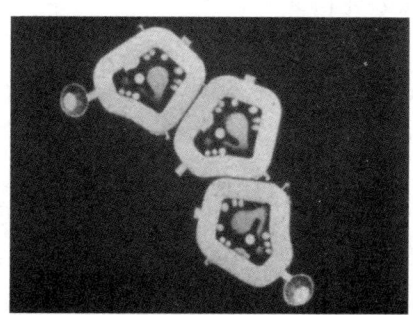

© 彰国社

那么，为什么不能考虑中心为空（如公园、森林、湖泊等），像面包圈那样没有中心的环状城市呢？这正是我迄今为止一贯追求的环状城市的设想。

1961 年的变形规划是像细胞一样的环状结构相连接的城市意向，螺旋体城市则是将那种环状结构作为螺旋结构在三维空间上立体展开。其后，陆续有小田急电"蓼科观光开发规划"中的环状城市、"山形县夏威夷梦幻乐园"的环状建筑，以及"东京规划 2025"的环状城市等规划设计。另外，现在建设中的中国河南省郑州市郑东新区（人口 150 万）的 CBD 规划也利用公园和湖泊使中心空化，形成环状城市型的城市中心。

环状城市面包圈形状的任何地方都可以成为中心，且它可以随时代而变化。过去在日本，街道附近的各种不同场所开设有二日、四日、八日等不同的市场，与此相同，在环状城市中，外环与内环道路之间有环状的步行商业街，各个部分依日期的变化开办集市，举办节庆活动。人员和车辆不交叉，能各自顺畅地循环。资金、物流、人流及信息彼此循环，因为是环状道路，所以在其中心不会引发交通堵塞的情况。

循环停止意味着死亡

工业化社会的一般性社会秩序是"具有中心的系统"。假如将其比喻为树木，那就是有作为基础组织的树干，有树枝，有树叶的结构。没有中心，其他部分就无法成立，可称之为"树形结构"。与此相对，信息化社会则指向没有中心的网状结构。例如，互联网没有中心，可以说是能够进行双向信息交流的典型的网状结构。但是，将网状结构考虑为最终秩序形态，还是稍有不足，因为在网状结构中，一定会产生血液循环不良的地方，例如想想人类的血液流动，末端的毛细血管容易血液循环不畅。人的血液流动是由动脉和静脉这个双重网络组成的，以动脉送出的血液由静脉送回这种形式促使血液循环，即作为弥补网状结构的问题点而出现"循环"系统。

生命在旧细胞死亡和新细胞诞生这个循环之中取得动力的平衡，循环停止就意味着死亡。例如，心肺停止造成血液循环的停止，可以直接带来死亡。还有，地球上降下的一定量的雨水流过森林和陆地汇入江河，流过城市汇入大海，蒸发之后再形成雨。这个循环不能很好进行的话，水就不充足。如果地球层次的雨水循环中断的话，人类大概就灭亡了。

地球这个生态系统，由于气候循环和生物的食物链循环保持着平衡。在所谓的杂木林、阔叶林中混杂着各种各样的落叶树，其叶子落下给土壤以营养。松鼠之类的动物吃它的叶子或者果实，动物移动，粪便就运送了种子，于是，树在不同的地方又生出了新芽。堆积的枯叶中的营养物质，经过土壤，由雨水带入到河流中，成为植物微生物的营养，进而产生动物浮游生物，成为鱼的饵料，而鱼又要被我们吃掉。这就是动物和植物的共生，生命的循环。我们居住的这个美丽的地球，实际上上演着这样的生态系统生与死的共生戏剧，是生与死循环的舞台，在脆弱的容易受到破坏的环境中顽强地生存着。人类被允许在地球上存在，是在不破坏这个循环的范围内的。

现代社会的目标是工业化社会，是由大量生产带来的高度消费社会。由于大量生产带来的产品的低成本化使市场得以扩大，实现了大众高度消费社会。这种乍一看是循环的生产与消费之外，实际上产生大量的垃圾和废弃物。只要不使这些垃圾和废弃物最少量化，使它们进入到再生产的循环之中，就会给地球生态系统的平衡带来很大的影响，这正是 21 世纪城市的一个巨大课题。

再循环系统

在 1960 年的新陈代谢理论中，我所选择的课题是这个再循环系统。我当时把它称为"新陈代谢循环"，将核、密封容器等构成建筑的各个部件和空间依耐用年限做分段化，引入循环、再生产的系统。即便是在城市里，如果引入这样的再循环系统和管线、管道的分区，就不会出现每年那样的挖掘道路、重新施工的现象吧。另外，我提出构想并参加的建设省的 CAB 系统，因为在人行步道下面实施了光纤、电源线和电话线等的简单的共同管沟，也是维护管理方便的再循环系统的一个例子。

将垃圾、废弃物和二手货再生的事业，今后会成为世界性的巨大产业。但是，即使只在民间，如果核算一下的话，事情就不那么简单了。不论建筑废弃物、二手车、垃圾、生产废弃物中的任何一项，如要建设再生制造工厂继续运转的话，就必须考虑经济核算。其原料（垃圾、废弃物等）的供应必须经常性地保持一定的数量。但是，如果经济不景气，现实就是垃圾、建设残土和产业废弃物的数量大幅减少，于是，如果不从相邻的外国进口垃圾和产业废弃物这些原材料，制造工厂的高效率运转就无法实现。关于这一点，出于在地球规模范围内解决问题的目的，因此我提议从韩国和中国进口垃圾也是可以的，但也曾被反驳过。

但是如果想想看，这是当然的争论。循环系统和经济系统一样，在成为无界限化的世界体系时发挥着原本的有效性。在一个国家的封闭体系中不可能实现地球环境的循环系统。经济学家鲍尔丁所说的"宇宙船地球号"的设想，意思是地球上的人类如同在宇宙飞船中一样，需要不产生徒劳垃圾的生态系统。

竖向核（楼梯）是骨架，密封舱体
可以全部更换再循环，建成后经过
了35年，现在正在研究替代新的
舱体。［中银舱体大楼（上）和其
舱体的透视图（下）］

摄影 大桥富雄

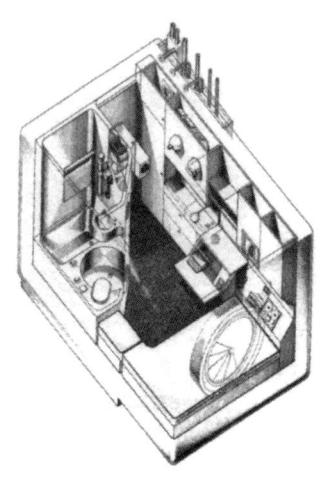

根据机器、设备与材料、零部件的耐用年限，如果易于更换，对资源的再循环利用可起到作用，同时，部分性的改造可以延长整体建筑的寿命。当年称为新陈代谢循环的构想就是从这样的想法开始的。但是，从现实所引发的激烈变化看，在材料和零部件更新之前，社会的需求有了变化，建筑的用途陈旧化就成为普遍现象。

最近，百年的混凝土等建筑长寿命化作为一个主题引起关注。并且，在集合住宅上也出现了使基本构造（结构）长寿命化，适应室内（内装修、隔墙、设备等）更加容易灵活变更改造的方法。

在"中银舱体大楼"上，中心的核是以钢筋混凝土造的巨大结构来充当骨架，而舱体被规划为可以更换、改造的二次结构或者零部件单元。这个手法向"伟大的立方体大阪（大阪府立国际会议中心）"、新加坡的融合之城、正在建设中的"国立新美术馆"等超巨大建筑发展。它们都是只用巨大的核与巨大的悬臂形成的超级平板来构成支撑的骨架，创造出灵活宽大的室内空间。包含梁的巨大悬臂的超级平板不仅是结构，也兼做机械设备室，更作为人工地面的下部构造。剧场、会议大厅这些无柱的大空间，作为软件被设置在这样的超大平板之中，我将这个超级结构与勒·柯布西耶的多米诺结构作对比，称其为超级多米诺。

集合体理论——在小城市中体现整体意象

对于循环结构来说，重要的是"集合体理论"，这个集合体理论构成了我的城市理论的核心。

现代主义的城市中，社区的基本单位是家庭，将它集合在中学校区、小学校区周边形成"邻里住区"。各自的住区里，为居民服务的商业、福利、行政设施布置在中间，形成了中心（核）。公园也同样被布置在住区的中心地带。

与此相对，1960年所提倡的集合体中心是空白（无居住）的，行政、教育等为居民服务的设施布置在周边，集合体之间互相连接，线性服务网络在周边形成。另外，道路为环状，住区内道路作为生活性道路采取袋状方式（车行为尽端路而行人优先的形式）。因而初次完成循环结构，是环状城市的设想。

我在这个理论中，将集合体思考成小城市。这是在部分之中有整体像的子整体，或者是分形结构。在地区（小城市）中有城市的整体像，于是在城市中已经不需要中心（核）了。周围的网络以信息连接集合体，形成类似细胞一样的结构。集合体的规模根据计划和用地条件是自由的。基于地域共同体常住人口的邻里住区规划已经背离了现代人的生活，城市正处在不完全开发中，没有均质的规模标准。这是一个因与其他的城市和城市腹地的关系而形成的开放结构。

这样，我提倡由集合体（细胞）和网络（神经系统）构成城市空间的方法，并在第9章详细描述的"菱野新城"（1966年）、"湘南生活城（藤泽新城）"（1967年）中实现了。

形成集合体的环状城市的设想，是从1960年开始进行研究的。建筑上，在前面所说的"山形县夏威夷梦幻乐园"中得以实现，其后经过"小田急蓼科观光开发设想"及"东京规划2025"的设想，在第8章中详细论述的郑东新区规划中得以落实。

城市的经济力与文化力

城市首先有人居住，有产业才成立。在城市里，不是仅有经济的循环，文化产业的集聚、人的交流场所比什么都更重要。

由于异质的多样化的文化交流，城市产生出创造新文化的力量。像古代文明那样，假如拒绝山口昌南所说的"周边文化"的流入，其文化必将走向衰亡之路。

因此，各个国家的文化必须像曾经通过丝绸之路流通一样，从城市到城市循环交流。周边文化传入城市，会引起激烈的碰撞，但也常常使城市成为那个时代中最先进的城市，就像奥匈帝国时代的布达佩斯，某一时期的巴黎，某一时期的伦敦，某一时期的纽约。如果没有欢迎从外部进入的异质事物的交流和循环的结构，就不具有世界城市的资格。

但是，从最近的姊齿秀次伪造结构计算书事件、东横连锁宾馆违法改造事件，以及活力门集团证券交易违规事件等来看，只能说它们是市场原则、经济至上主义的结果。当今的建筑也好，城市也好，都只是赚钱的工具，正因为如此，在现在变为单纯经济手段的城市中引入作为文化资产创造场所的观点，构筑包含政治、经济、科学技术、艺术文化协同的、综合的城市的思想是一个紧急的课题。

目前，在日本也好，在海外也好，总算有了将经济与文化加以结合的争论，甚至开始有了"没有文化力的渗入，就没有经济的发展"的说法。

在美国等海外国家，对日本的现代文化以"酷（很棒）"来给出很高的评价，但是他们所感兴趣的所谓日本文化不是能乐和歌舞伎等日本的传统文化，而是现代的日本文化，是卡通动画、电影、时尚节目，或者是音乐、饮食文化。例如，日本的现代建筑是世界的主角，在音乐舞台上，Puffy（演唱动漫歌曲的音乐组合——译者注）以孩子们为中心而大受欢迎，另外，从健康取向的观点来看，日本料理和日本的饮食文化也受到关注。

现代日本文化在世界各地被关注和评论为"JAPAN COOL"，

日本的文化厅和外务省将这个动向反过来引入日本，开始了文化外交的讨论。也就是说，连日本自身的评价也受美国的影响。可以说这是只将经济大国作为目标冲击的日本的弱点。当代，拉开了不仅仅是经济，包含文化在内的文化力促进经济再生这样的新经济的帷幕。

以 ODA 来进行文化合作

说起来，发达国家对发展中国家的经济援助方式，是经济学家肯尼斯·鲍尔丁所说的"赠与经济"，只要不培育发展中国家的市场，就谈不上经济的循环。富国如对发展中国家作为义务无偿提供或者经济援助，那是所谓的福利政策。例如，对于 ODA（official development assistance，官方开发援助——译者注）来说，如果当发展中国家逐渐经济发展，人均 GNP 达到1000 美元时就停止援助，那简直就像是"生活保护"。如果考虑在世界中创造良好的伙伴关系的话，在包括发达国家、发展中国家在内的世界框架中有合作与援助不是很好吗？在 ODA 之中应该有经济援助和文化合作两方面为好。

经济与文化在任何国家都是密不可分的。伴随经济增长，国民收入有所上升，经济援助层次上的合作关系也许会逐渐减弱，但是反过来，文化交流或者对环境产业和文化产业的支援，或者是从事日本研究方面的合作与援助会积极的增加。例如，在中国，想创办文化中心和日本研究中心的大学非常多，为设立它们所需的资金大概比铁路和道路要少得多。但是从世界各国招聘教师建设小小的日本研究中心在目前的 ODA 中不是简单的事。

现在的日本是世界第二经济大国，因此在世界战略上，为了国际外交，或者地区联合，将所拥有的财富投入包括美国和欧洲等发达国家在内的世界，使其有效地流动循环是必要的，这是超越发展中国家援助框架的新的战略。

实际上，从日本流入资金最多的是美国，因为美国经济的坚挺，以对其国债、股票市场和不动产投资的形式流入，那都是民间的资本和机构投资者的资金，虽然不是像 ODA 这样的公共资金，但在广义上不是不能说成是作为结果的经济合作。如果 ODA 的资金作为对美国的环境产业和东部德国的城市再开发等长期投资的战略性流动的话，也可以说那是高质量的文化合作吧。城市再开发是创造地球环境的有较高创造性的事业。日本难道不该将世界第二经济大国的力量战略性地使用在文化合作上吗？

我曾经使用过"发达国家援助"这个词，如果从援助是针对发展中国家这样的思考方式来说，原本是没有什么对发达国家援助的。但是，为了欧盟和日本今后更顺利的发展，对欧盟以各种形式进行文化合作、研究合作，向城市再开发投资是重要的。曾有过核聚变的实验设施是在日本生产还是在法国生产这个话题，即便决定在法国生产，日本也有必要进行相当规模的投资。日本参加这种最先进的国际共同研究和城市开发的机会今后会有多少呢？

海湾战争时期的日本，没有通过联合国维和部队参与合作，当时的海部俊树首相应美国的请求，提供了毫无道理的 1 万亿日元的无偿合作援助。日本因不出军队只出钱得到非常不好的评价。这不能叫做经济援助，安全保障金或者海上航路保证金的意思更强烈。从这些经验上看，日本如何使拥有的资金有效地循环正是其外交战略。

日本在为成为联合国安理会的常任理事国做着努力，为此，不仅是对发展中国家，对发达国家的各种各样的战略交织在一起。奥林匹克运动会在哪儿召开？足球世界杯在哪儿举行？在包含这类体育界在内的世界战略的运行中，为了日本的外交战略，在文化、体育、安全保障、经济等所有领域上将所拥有的资金战略性地、有效地加以利用，使其循环是必要的。

观察世界市场

最近，经常将少子化问题和城市问题联系在一起的讨论增多了。例如无论汽车产业，无论电视机和洗衣机之类的家用电器产品。日本之所以到现在为止发展得很顺利，是因为首先存在着一个巨大的国内市场。国内有1亿以上的人口，在那里形成了一个市场，一个可销售基础数，在此基础上进行出口。即便不出口，仅靠国内市场也可以达到一定程度。这一点在家电业、建设业界，或者是音乐界、出版界也都是如此。

例如现在的日本出版社，这本书在俄罗斯卖几本，在美国卖几本，在印度大概要卖多少这种计划是不需要考虑的。但是美国的出版社当然要考虑世界的市场，要是英语图书的话，当然要考虑在英语圈中的销售。如果畅销的话，大概从开始就要考虑出法语版的和德语版的。而与此相反，在日本，因为只出日语版，是书店通过经销公司从出版社进书，放在书店中委托销售的方法。建设业界等行业是人工费高，国际化最晚的部分。在日本，汽车产业等可以进军海外的行业是被限制的。

同样，对于文化，日本没有将现代文化积极地介绍给外国的想法。常常听到歌舞伎、能乐、相扑等传统文化的海外公演获得好评，但享受外国的传统艺术在任何国家都有一个程度问题，这和原本的文化输出是不同的。将现代的生活模式，其所具有的最先进的文化、艺术多大程度介绍给世界，是这个国家的"文化力"。

但是，政府没有将日本的现代文化看作是下一代的重要创造性产业。看一看经团联、经济同友会或者围绕首相的经济审议会等，依然将钢铁、汽车、造船、银行作为主体，从那里产生的经济政策也就不可能与文化结合了。

阻碍日本国际化的壁垒

为了提高文化力，日本的城市成为世界都市是有条件的。东京对于外国人来说，首先居住就是非常困难的事。只是因为不能说日语，想要入住普通的公寓基本上会被拒绝，连外国人过上普通生活的环境都没有充分整备好。交通标识、引导标识等，虽然比过去好了很多，但还很难明白。没有标注街道名称的住宅标示实在是读起来很痛苦，外国人自由利用东京地铁也相当困难。

另外，以宗教的观点来看东京的话，可以知道清真寺的数量非常少。在国际城市中，外国的宗教设施数量如此之少的大概只有日本的城市吧。包括亚洲在内，伊斯兰人口在迅速地增加，伊斯兰的商人和留学生也在增加，早晚都要到企业去就职。他们如果要在日本居住，清真寺应该是更加必要的。虽然能够建设印度教寺院和犹太教堂等，但在日本几乎没有。这也是阻碍国际化的问题。

似乎多半的日本人认为即便没有外国人也是可以的，没有形成外国人在日本过着普通生活与交流的印象。相反却有着消极的印象，好像外国人一多犯罪就会增加，外国人是外出挣钱的现场劳动者，有将外国人看作是受照顾的人的情况。

但是，银行、证券公司和投资基金等金融商业、商行、IT业等，其成员一半左右是外国人也是可以的。日本人占一半，剩下的是美国人、印度人、法国人、巴西人，中国人也不奇怪。不过，日本的银行几乎所有职员都是日本人，商业对象也是日本人，其工作本身是面对国内的市场。虽然实际上因为金融的自由化从海外引入投资资金，但日本的国际化却大大的落后了。下一代的城市如果是世界经济循环和文化交流的基本装置的话，那现在日本的城市几乎都不合格吧。制订向包括欧美人在内的世界级的建筑师、艺术家、音乐家、想成为企业家的人才愿意居住的世界性城市发展的战略是必要的。

为什么日本的大学不使用英语教学

我因为做大学的设计及评审委员的原因，与大学的有关人士交谈的机会比较多，到哪个大学净听到一些"因为少子化，学生数量减少了，并且，民营化之后成为独立法人，如何做才能在竞争中取胜呢？很困惑"这样的议论。这些只在国内能见到，在世界上，特别是日本周边的亚洲是看不到的。特别是在中国、印度，拥塞着几亿年轻一代，而且他们这些年经人还愿意到日本来学习，只是不会日语的他们希望用英语听讲课。由于即便能来日本留学，如不在日本学校用两年的时间学习日语，就无法理解课程，那么一开始就不如去美国和英国学习了。明明未来终究要活跃在国际上，日本的大学却为什么不用英语教学呢？对于从海外来的希望留学的人来说，日本的教育机构存在着这样的巨大壁垒，是缺乏国际战略的。

我在担任文部省中央教育审议会委员时，曾提过只在东京大学和京都大学试行完全用英语讲课的建议，这已是近20年前的事情了，当然遭到了反对。因为必须将现有的教师全部解雇，所以没有现实性。那么，等待着，老师们渐渐就变得说英语了，这样的事情是不可能有的。即便用拙劣的英语，试验性的去做也是好的。不管怎样，假如人才不足，从外国引入教授也好。为了进大学，首先高中生的英语能力就要提高，高中的英语能力提高了，受其影响，初中的英语能力也会快速地提高。

大学的讲课用英语，比起提升大学的收益性，是提高大学品质的根本的结构改革。只凭这件事就能大量接收愿意来日本大学学习的亚洲的优秀学生们。这些留学生回国后是知识人才，作为经营家和政治家服务于国家。这些人在东京大学、京都大学接受英语授课获得博士称号，如在日本居住也会自然而然地掌握日语。并且，若成为亲日派归国，人脉已经生成，交流也就开始了。在向对方传播日本文化的同时，日本人也有了理解对方文化的机会。这是真正意义上的文化交流、经济循环。没有财政的负担，只需将大学的制度做些许改变就能办到，但不这么做，日本在经济上、文化上仍像是闭关锁国的状态，如果不先开放大学，21世纪的城市时代是不会到来的吧。

21世纪的大学是城市活性化的核心产业，而且对于大学来说，由于它位于城市中心，可以提高经济性，快速提升与地区社会的交流。大学是终生教育的场所，成为和民间企业所组成的风险事业的据点。在中国业已感受到了这一点。大学的布局成了城市规划的中心课题，将多所大学与文化设施、商业设施复合化的大学城设想正在全国规划实施着，我所设计的中国河南省的郑东新区中也有一个大学城。

在日本，从20世纪60年代开始，大学流行向郊外转移。由于经济增长，城市中心的大学校园的土地增值，用处置这部分土地的钱在郊外便宜的土地上建造更大的校园。同志社大学在做迁移校园的规划时，我曾发出"这是京都的自杀行为"的宣传，这在当时是少数意见因而被无视。

现在，大学终归也体会到了这种失败，为了大学和企业的合作，流行租借城市中心的建筑创造卫星校园，在市中心创造超高层校园的潮流开始了。

　　大学人才集中，企业需求人才，外国留学生集中于大学，催生了城市型的风险产业。IT 产业与仿生学，以及艺术、文化创意产业的人才是国际性的流动人才，其向交通更便利的大城市集中居住的倾向在加剧。

　　城市的文化交流和经济循环，以及交通的问题，因从以核为中心的放射状城市向没有中心的环状城市的结构变革而变为可能。为了解决城市中心区的交通堵塞，创造环状道路是最有效的，但面向中心的放射状道路原样存在就无法本质上解决问题。

　　在日本，财政、税制的改革引起了讨论，但只不过是在医疗费负担的增加、消费税提高这些收入、支出上打算盘。为了健全国家的财政，只知道增加税收，在这一点上我看不到日本这个国家的未来。先想象着描述一下未来，如果说在这些地方需要这些资金就让大家负担，国民连下一代的钱都要付了，难道不是这种感觉吗？

经济的循环孕育文化

　　市场经济靠竞争原则来推动，竞争获胜的公司，资本的投资效率提高，其销售规模和时价总额增长逐渐巨大化，目标是在世界上开拓市场份额。工业化社会的主角是经济，因为其目标是最大限度地获得利益，所以企业为了不断地比前一年度扩大销售额，进行竞争，巨大化是不可避免的。但是，如果某个公司最终占领了世界市场的绝大部分，竞争的原则也就停止了。虽然经济学家肯尼斯·鲍尔丁提倡"赠予经济"，但结果是如果地球上从经济大国流入发展中国家的资金没有利润的话，不可能在发展中国家开拓新的市场。利润还原给社会了吗？消费者的腰包鼓起来了吗？馈赠只是使经济产生循环，不使其循环市场就无法扩大，是与自身的存亡密切相关的。经济只有开拓新的市场才能进步，发达国家要通过发掘充足的国内市场潜力，拓展因发展中国家经济水平提高形成的市场，进而做到可持续发展。

美国的大企业和大富豪们，对将这些还给社会的方法有所思考。最初是依据个人兴趣将美术收藏品装饰在房间里欣赏。只自我欣赏不能满足后，开始每周召开派对招待客人，进行炫耀。不过接连不断地买入收藏，家中装不下了，结果是最终将它们捐赠给美术馆，这是非常有意思的事。有钱人最终处理财产时，有处理成功的人，也有不成功的人，留有极大的遗产，引起遗产继承的纷争。结果，财产所有人留下的众多的美术收藏品散失了，成为优秀文化遗产的建筑被毁坏了。赚钱未必需要智慧、教养和感觉，但在如何使用金钱上，却能表现出人的智慧和教养或者国家的文明程度。

有市场经济的智慧和教养的获胜者，将他们赚来的钱以向福利和文化、艺术捐赠的形式回馈给社会。有效地利用捐赠的是市民、大众。这种经济循环结构与发达国家向发展中国家进行以 ODA 的形式流动资金有着原则性的不同。

将金钱堆积在自己身边与将垃圾堆积在自己身边没什么两样，均会令人窒息，应向社会发放。即便财阀和大企业将利润堆积在自己身边，也要应股东的要求出让利润。时代时常在变化，资金不循环的话就如同人的血液不流动一样，经济、文化、福利等就都没用了。

这里应当警惕的是"投机"，"投机"里没有"循环"的概念。在"投机"中，以拥有的资金为发展中国家做贡献、与美国一起为安全保障做贡献，为了福利和文化进行捐赠等目标是没有的，"投机"仅仅是以增加金钱为目的进行投资，所以只是经济至上主义，是拜金主义。

几年前的亚洲金融危机发生时，韩国通过 IMF（国际货币基金组织）的支援得以复苏，马来西亚作为外汇对美元的固定汇率，没得到 IMF 的支持，也能够恢复经济。亚洲金融危机的一大原因，是以买卖期货资金为中心的投机资金流入亚洲的成长市场，扰乱了市场秩序，马哈蒂尔首相主张必须严密监视这种投机资金的流入。经济在健全的循环有保障的范围内成长，但如果发生超越市场原则的"投机"，就会阻碍原本的经济循环。

城市不是投机的场所

以往所谓的城市是为了生活所需的共同体，但是现在，已经超越了经济活动的场所，成为世界投机的场所。经济规模的大型化，其系统越是世界性的、无界限的，越会提高投资的集聚效果，所以无法避免建筑和城市的巨大化，为此，世界性的规模投资集中，建筑的规模也更巨大化。

建筑被证券化，成为利率的对象，城市本身成为使国家经济得以成长的经济装置。不应继续推行经济至上主义、拜金主义。看看现在的城市，形成了深化超越国家的城市间交流的网络。不仅是发达国家的大城市，发展中国家也是同样。特别是在中国，城市的发展是以不动产投资为中心的市场经济的实验场，呈现出各地方人民政府之间城市经济发展竞争的形势，中国的地方政府代表团每年都来日本召开投资说明会。换另一种说法，不是由居住在那个地区的人们的生活水平、其市场规模以及需要的大小来决定城市和建筑的规模。城市和建筑的大规模集聚效果、复合效果和对不动产的投资进一步产生出新的需要，可以说已经进入国际性的经济循环的时代了。

不过，从人类这种生物本来具有的认识能力和行动范围来看，建筑和城市过于大规模化，使空间尺度的差距、交通速度的差距、收入的差距、异质文化的差距和信息量的差距等各种各样的差距加速地扩大了。就这样，城市全然成了不容易居住的地方。城市不应是投机的场所，城市是经济场所的同时，我们有必要再次确认它是新文化创造的场所，是生活的场所。

3 从公有到私有

从官方到民间

当前，"从官方到民间"成为实现小政府的口号，邮政民营化是它的一个象征。公共服务不亲切，效率不好，资金的使用浪费太多，在民间能做到的事就交给民间，这是任何国民都能感受到的。正是这个原因，举着邮政民营化这面锦旗出战的小泉首相在2005年秋的选举上取得了大胜。

虽然不知道在一党领导的社会主义国家中国和自命为世界警察、身披民主政治锦旗的美国等国家，何时能够实现小政府，但是一般而言，我们可以看到世界在从官方到民间、从一个中心向多个中心转变。

到目前为止，我所追求的"无中心的秩序"、"环形的秩序（环状城市）"、"网状城市"、"集合体城市"这些概念是与这个时代转变并行的。我将这个新时代的建筑和城市定义为"建筑是小建筑的集合，城市是小城市的集合"。"东京是300个城市的集合"是我常用的一个说法，也象征性地说明了这一点。所谓没有中心的城市，是重视周边的城市，重视与外来文化交流的城市。从这一点出发，我构想了将服务设施布置在周边地带的集合体城市。

换一种说法，所谓小政府，是向有着多种民间活动、多种地方自治、多种个性和文化力的众多小城市所存在的新的秩序的变革。

由于民间重视经济性，能够提供低价、高效的服务，因而，从官方到民间的设想是经济至上主义的设想。例如，从官方到民间的政策之一的 PDF 就是一个很好的例子。民间组织应征，以 VFM（value for money）即成本来决定对其的评价。不过，这样一来，决定了的工程费用的投标就无法改变了。

但是，只以这种效率和费用就能解决公共作用吗？外交战略、城市景观战略、传统与历史保护战略、福利战略、文化创造战略、教育战略等这些只依靠自由竞争的经济性无论如何不能保证的重要领域、重要的服务才真正是本来的公共作用。民间能做的交给民间，这个方向无可置疑。但是必须由公（公共精神）来做的事应该由公来做。如果只从经济性和效率的视角来谈，不能说是本质性的结构改革。

在过去的明治时代里，公共或者官方的人才，具有挑战新事物的才能和有效使用创造性民间人才的创造能力，具有连外国人也敢于提拔任用的战略和思想。当前的结构性改革所必需的，除经济性和效率之外，不就是是否将公共、官方的人才向适应新的创造性时代的人才方向做质的变革吗？是否能够从前面提到的那些主义，经验主义、不正常的平均主义等转变出来。

如果将小政府的目标设定为官方人员的削减，那是划算的效率问题，是量的问题。那么，在小政府中留下来的人才是什么样的人才呢？指派是不行的这个舆论，是因为将官方人才指派到民间，会有不能从事原本的经济性自由竞争，或者和不公正协商相联系的担心。我觉得与其这样，不如通过建设评价官方中应有的创造型人才的系统，朝着使其发挥明治以来的官方人才的潜能这个方向上进行质的改革。为此，不是通过是否不出问题完成工作这种减法，而是通过如何挑战创造性课题，如何提拔任用民间有创造能力的创造型人才，以及在哪些方面协助政治家起草政策这样的加法来评判是必要的。官方为了掌握民间新思维的最有效的手段是从自上而下向自下而上的系统转变，也就是大胆提拔任用民间人士、外国人到官方机构工作。

另一个重要的从官方到民间的视角，不是从公有到民有，而是从公有到共有。所谓国有铁路的民营化、邮政的民营化、道路公司的民营化、政府金融机构的民营化都是从国有到民有，即将经营的主体从国家向民间转移。但是，这个改革只是向民有的转变，公共的精神跑到什么地方去了呢？

所谓公共，森有礼、福泽谕吉等人在明治6年（1873年）结成的明六社曾经讨论过，形成了以"众人共享，共尽其义务"为根本的公共的概念。所谓公不是上等，也不是统治方，更不是首脑机关。公仆，是全体国民对于国家与地方共同体、城市与社区，以"共尽其义务"为前提，作为国民的一员为公共服务。具有这种服务精神的人们以职业为荣，才能得到尊敬。于是，从官方到民间的转变，在民间一侧，也被要求有公共精神。不仅仅只市场原则，民间也要重视生成个性、持续竞争的同时形成合力，创造新时代的"共有"概念。

在共有的概念里，应当思考公与公的共有、公与民的共有、民与民的共有等各种各样的共有。

公与公的共有与现在被讨论的道州制的方向是一致的，伴随着生活行为的范围扩大化是必然的方向。大平正芳前首相将"田园城市国家"作为其政策之一，将市镇村作为自治体、公共服务的主体，废除县制，设想出道州制这一在更广大的区域内进行调整干预的行政机构。河流、海岸线、山林等自然环境的保护是这样，但道路、机场、港口等有必要作为超越县域范围的更广大区域的公与公的共有来进行配备、维护和管理。

公与民的共有就是所谓的第三部门，迄今为止的第三部门被批判为效率低下实例的代表，但其领导多为指派，不能忽略其没有成为真正的第三部门这一点，新的第三部门今后仍然有产生的可能性。

还有民与民的共有，这才是原本的共有的方向。

丰臣秀吉在建设京都的町时进行过划时代的改革，改变了在那之前将道路围合成的街巷作为町的传统做法，道路两侧作为一个町，命名为枪炮町、寺町等。而且，对于通过町中心的道路，颁布"永久地租免除令"（无偿地价），作为町的共有空间。由此提升了町的联合意识，成为大众文化兴盛的基础。

除此之外，山林、水利等一直以来在村落里也是共有财产，或者是在共有之上有垄断使用权。这些水利权和街巷作为共有财产，培养着真正的公共意识，我希望重视它。

今天日本的城市必须直面的一个问题就是公共精神的欠缺，虽然并非没有省益优先这一官方的特权意识问题，但这里面的问题是，与其说是公共方面的问题，实则是民间方面欠缺公共精神的问题。从官方向民间的转变固然好，但假如向市场原则、拜金主义这些利己的获利主义方面推进的话，可以说是本末倒置了。

为了创造富有活力与创意能力的创造型城市，需要什么样的共有空间、共有制度成为一个大的课题。在我的共生思想中，作为中心课题之一来思考的是"中间领域论"，共有论与这个"中间领域论"是密切相关的。

网状城市的建立

从 20 世纪 60 年代开始，经过约半个世纪，如同我在《流动人口》（中公新书，1969 年）中预见的那样，不能想象的流动性产生了，无界限社会出现了。那不仅仅是商业超越了日本的框架，一般大众也开始超越国界流动，从观光旅游开始的无界限时代，现在正在所有的范围内开始。

世界的无界限化也给城市应有的状态带来较大的影响，如果进入无界限时代的话，作为城市基础的地域社区将会怎样呢？

人类为了生存，需要一个地区中人类伙伴的联合，需要支撑它的公共设施、服务设施。其实例就是行政中心、超级市场，就是小学、中学、大学等教育设施。作为具备这些服务设施的一个"邻里住区"，社区就成为构成城市的一个单位，应该就像以往城市理论所教授的那样。

但是，在无界限时代里，人类生活的行为范畴并不封闭于地域的社区之中，而是跳出社区的领域而流动，超越了社区，超越了市域，超越了县域，更跳出了日本，其行为的范围扩大了。

城市或者村落建立的第一个理由是为了防御。如果说到起源，那么城市是为了共同防御敌人、自然灾害、野生动物而建立的。

第二个理由是通过相互合作，提高生活质量。换一种说法，就是为了公共服务的效率化。例如人类若七零八落地居住，彼此之间用道路加以连接，效率就很差。通过集中起来居住，服务就变得有效率，也容易形成日常的合作关系。

显著地表现出这一点的是洛杉矶与东京的对比。洛杉矶的人口密度低，就像在贝弗利山看到的那样，都是宽大的单户住宅建设，低密度的居住形式，在没有类似城市中心集聚的洛杉矶，虽有地铁和 LRT（light rail transportation）的设想，但并没有实现。因为区域过于广大且人口密度又低，经济上不划算。在世界城市中，勉强具有完备的地下铁路网的是伦敦、巴黎、东京、纽约等人口密度高的地区。因为在人类高密度居住的地区，狭长的区间内，修建更多的铁路车站可以提升它的利用率。

东京地铁的车站间距，短的大概不到 500 米吧，不仅常住人口，因通勤、上学、购物、观光、做买卖等流入的流动人口、昼间人口众多是一个重要的原因。正因为能得到这样的优质高效率服务，人类就集中居住了。

但是，在无界限时代里，该如何维系地区的联合、亲情关系、男女关系呢？从更大的范围来说，在无界限时代里，怎样保持国家的合作呢？地域与人类的关系变得疏远了，亲情关系也变得疏远了，家族的概念解体了。在这种状况下应当如何维持社区？我将其作为主题一直在苦苦思索。

情绪安定机构

为了人类的生存，填补自己一个人不能生活下去的寂寞是必要的，我把它称为"情绪安定机构"。

社区是"情绪安定机构"。过去，人们居住的地区社会的人类关系本身就是情绪安定机构，在那里，老前辈、父母、孩子、亲戚，或者"街坊四邻"，所有的人类关系在秩序和规则中存在着。即便在农业社会，其规则在从耕作到祭祀的各种各样的相互合作之中更加严格地存在着。

在无界限的流动社会中，在一天 24 小时各种时间段内，在各种场合中产生出小规模的新的社区。例如在城市中，可以创造出以具有休憩场所要素的自然资源丰富的小山林、街巷、运河、袖珍公园，以工作单位为中心的情绪安定机构，单位同事间的交往比"街坊四邻"具有更强的共同感。另外，对于卡拉OK 伙伴或者高尔夫球友、网球俱乐部球友，进一步说同学会、同乡会、NGO 等等，也是重要的社区。人类在以自己的家庭作为生活基地的同时，以此为出发点，接连不断地变换着抚慰心灵的场所，度过一天 24 小时的生活。

这就是《流动人口》中展开的基本印象，我将在城市中形成的这种社区与以往的"地域社会"相对，称为"时间社区"

或者是"临时社区",这就是在 24 小时之内建立的社区。社区本来是在一定场所中建立的,场所中建立的社区和时间中建立的社区构成双重层级。在工作场所产生的交往中,住在同一个地方的人大概一个也没有吧。大家从各种不同的地域来,在各种时间段里创造着情绪安定机构。

例如,小学和中学是孩子们的绿洲,是情绪安定机构。从家里出发去学校,那里有朋友。但是不上学,或者被欺负,学校作为情绪安定机构不能有所作为的话,就不得不脱离了。

对于从学校和工作单位脱离、从城市脱离的人来说,逃避的地方只有自己的小房间。这就是宅文化的据点。宅文化是在严酷的流动社会中不能交朋友的人们的最后依靠。

新型社区的建立

如果把城市看作是文化创造装置的话,可以说不同种的交流也好,作为异端的宅文化也好,可以成为一个情绪安定机构。

从文艺复兴时代开始的欧洲资本主义社会的建立中,自我的确立是不可少的。人们从中世纪的神学中解放出来,通过自我的觉醒开始了近代社会的历程。宅文化也许能从作为"现代之神"的大众社会中被解放而得以存在。信息化社会是多种价值体系互相重叠的复杂系统,包含那些脱离社会的人们的多样性,在某种意义上也许还是新文化的萌芽。

在农业社会里,人们被纳入到村落这个情绪安定机构中。实际上,工业化社会也将人们纳入到公司这种职业社会中。但是,即便是从摇篮一直关照到棺材的日本式的经营方式,也赶不上村落的情绪安定机构。就像在查普林的《现代·时代》中看到的那样,人们被纳入到工作的某一个框框里忙碌地存在着。如美国的社会学者威廉·莱特在《没有组织的人类——机构·

人》（冈野庆三、藤永保他译，东京创元社，1959 年）中描述的那样，被组织化了的人类，成了普遍的"工作人"，尽管零散，不是寻求每一个人的个性，却被埋没在组织之中的某个地方。在那里，人们不是作为具有固定名字的人，而是作为零部件的人。人类是劳动力，城市是工业化社会的装置。

在农业社会里，个性丰富的人在群体中很难生存，被全体村民断绝与之往来的人是不可能二次回归的。得上传染病的人被送去朝山拜庙，上年纪的人被送进姥捨山。

当今的城市仍然继续充当着创造产业的装置，是个性、创造性发挥作用的时代。从公司脱离也许是创业，开创风险事业的机会，也许可以显现出自己的个性与才能。创意事业集中在涩谷与秋叶原，其成功者云集在六本木新城，是因为那里对于他们来说是激发创造力的场所，是临时的时间社区，是拥有共有价值观的共有空间。

青鳉的社会

如同我的建议一样，假如将城市考虑为非常小的城市的集合体的话，可以认为森林族与御宅族，也是拥有一个小的共有空间的集合体。这是没有中心的城市，或者是作为小城市集合体的城市，可以称它们为"青鳉的社会"。我在孩童时代经常会去观察青鳉，在青鳉鱼群游动时，砰地一下投出石头，一直领头的青鳉鱼被远离石头落下位置的青鳉所取代，开始向别的方向游去。再向其他方向投石头的话，之前领头的青鳉鱼就不是统率了，与此毫无关系的地方的别的青鳉成了领头鱼，丝毫不乱地向不同的方向移动。即每一个都起到领导的作用。这很有意思，为什么会这样呢？尽管问了生物学家还是不太明白。据说候鸟也有这个习性，最初领头飞的鸟，在几千公里的飞行中间，好像不总是经常领头吧，这里似乎并不存在一个规则。这是我理想的社会状态。

过去认为，如果没有超社会的权力，想笼络住社会全体是很难的。那是神，是君王，是总统，是大企业，是支配中心的资本。但是在共生的时代，each one is a hero，即"谁都是英雄"。

树木，叶子不能成为整体秩序的中心，如果折断了挂着叶子的树枝，那叶子就全枯萎了。但是看看人类的身体细胞，特别是免疫系统等，即便没有得到中枢神经的命令也能开始行动。如果从什么地方有病毒侵入的话，其附近的长噬菌体就会向病毒发起挑战。这并不是来自于神经中枢的大脑的命令，这一点在西山贤一的《免疫网络的时代》（日本放松出版协会，1995年）里也论述过，是不同于树形结构的网状结构。换一种说法，相对于首先有整体，部分属于整体的树形秩序，这是部分也可独自生成的复杂系统秩序。

游牧时代与绿洲城市

以中亚为中心，曾经活跃着骑马民族、游牧民族，蒙古和奥斯曼土耳其能称霸包括欧洲在内的欧亚大陆的原因之一，就是最有效地使用了马这一手段组织军队，以快速的骑兵部队驰骋于世界。

那么，所说的骑马、游牧民族如何维系它那个强大的帝国呢？那个时代的父母与子女的关系如何？孩子的教育如何？男女之间的关系如何维系呢？游牧民族是整个民族使用马和骆驼全家族流动的。帝王存在，有军队，保持了完整的家族关系、父母子女关系。如果研究这个游牧民族的社区的话，也许可以明白世界变得无界限时，保持国家和城市、家庭的秘诀。出于这样的考虑，我探索尝试了解游牧民族的生活方式，看看能不能使它重叠投影在未来的生活方式上，而且写了《新游牧民族的时代》（德间书店，1989 年）。也许这是与农业社会的地域组织不一样的，也许个体不断的更加自立，会有与地域组织不同形式的秩序和情绪安定机构吧。

奥斯曼土耳其和成吉思汗时代，游牧民族时常流动，但在某些地方必须做短暂的休憩、居住。这有时是三天时间，有时是一个月吧，那个地方就是绿洲城市。在这个绿洲城市里有农业，有常住人口。在那里，他们招募人才，进行动物和蔬菜、动物和金银货币的交换。有的场合，甚至用自己的 100 名士兵交换有领导能力的领袖人物。在这个绿洲城市里也与其他部落、民族交流。短暂的养精蓄锐之后，再次出发。也就是说在那里，存在着如同现代流动人口（《流动人口》）基地那种形式的绿洲城市，据此也建立了流动社会。

这种如同绿洲一样为了情绪安定和痊愈的场所，不就是今后城市的重要要素吗？如果将无界限化时代的城市作用重新认识为交流和情绪安定的装置如何？

想象一下奔走在夜色沙漠中的游牧民族吧，他们经常需要警惕与其他部落，或者强盗、土匪团伙的冲突。他们具有近似于雷达一样的身体感觉，一边观察周围，一边沿道路前进。即使在距离 1 公里处烤鳗鱼，我们也几乎闻不到它，因为嗅觉已经退化了。但当时骑马民族的人们可以敏锐地感觉到数公里外的雨的气息、气候的变化、在靠近的其他团伙的气味、马蹄声，根据这些来变换路线，采取对应的策略。

我曾经在一篇故事里，看到过下面这样的描写，非常吃惊。横排十列，长度由数百米绵延至 1 公里的大集团，以相当的速度在夜晚的道路上移动，从前方来了同样的队伍，你大概以为因为是沙漠，所以通行路线是自由的，但实际上不是那么自由。就像丝绸之路显示的那样，好走的路基本上都是确定的。两个集团不得不交错，双方靠近到数百米，队伍变换了排列。在队列的两边，手持武器守护大队人马的人员，移动到相交错的一侧，拔出剑准备在相交错时战斗。下一列里是支援他们的男性，中间位置是孩子们和老人，反方向的外侧则留给成年女性。这种状态是刷地一下变换成的。随着互相的移动交错进行了激战，两支队伍走了，寂静下来后再看，有几百颗人头落地。在沙漠里流动的队伍，敏感地采取应付突然状态的态势，而且在那其中准确地组成军人、亲人等的秩序。的确，这就是让我想起来的那段话。

他们的目标是绿洲，那里不只是有水。用现代语言来说的话，是证券市场或者是商品交易所，进行着羊和金银交换等以物易物的经济活动。或者是文化交流的场所，进行着寻找结婚对象、招募人才的活动，某种意义上绿洲是游牧民族的共有城市。在无界限化的现代，某种意义上不是正在产生近似于游牧、骑马民族的生活方式吗？在各种地方存在着自己能够归属的绿洲，有流动于其间的人，这就是未来的网状城市的景象。整个地球上，城市以绿洲的形式存在着，人们在它们之间剧烈地流动着，进行着经济和文化的交流。

在将城市国家称为 Polis 的时代，或者中世纪的意大利将城市国家称作公社的时代，城市有城墙，抵御外敌守护市民大众，这种城市的性格也适用于现在的城市。即便在今天，不是还残留着城市是靠自给自足而自立的认识吗？例如，东京、名古屋和大阪因不同的城市形式而自立，但是，在人的生活无界限化，物流无界限化，产业无界限化，财政无界限化的今天，以类似居住在城墙里的"我住在一个城市中"这种固定性认识的做法，是发现不了问题的。如果看不到世界上如何进行物的流通、人的流通、金钱的流通、信息的流通，就无法看出所谓城市是什么这件事。

从地域社区到时间社区

在城市里居住，独户也好，公寓也好，可以不用太关心谁住在隔壁而生活下去。也可以认为这是城市生活好的方面。即便有地域和自治会、公寓的管理公会，但像过去那样具有地域共同体感觉的人几乎没有了。它们成了预防犯罪、处理垃圾，为共同生活体处理最低需要事情的组织。所谓地域共同体的社区，在现在的城市里很难找到了。那么，在几百万人的大城市居住的人分散着，在没有社区的情况下能够生存下去吗？这是一个新的课题，大概需要一些安全、交流和情绪安定的系统。

我提议的"时间社区"这个概念就是新的情绪安定机构。NHK有一个以几千人为对象进行的24小时的生活时间调查，其成果之一是调查统计某人24小时内在哪里、做什么。看了这个结果你就可以明白，每个人都有自己的时间表，在其中构筑着各自的人际关系。有公司的人际关系，有兴趣爱好的人际关系，有同学会，有体育俱乐部。在这些形式中有各种各样的交流场所，而且它们与自己居住的地点没有直接的关系，是只限于时间段建立的临时性的人类关系。

我想，这个"时间社区"不可以代替以往的"地域社区"的情绪安定机构吗？人类如果由于什么原因不能使精神安定，是不能在城市中生活的，特别是在大城市中生活更是如此。即使已经不追求古典意义上的"地域社区"的再生，也必须要重视"时间社区"中的人类关系。

在我当时所写的《流动人口》中曾经预言，失去社区，无界限流动的人们的新型社会将会出现。

在西欧的现代化过程中，所具有的社会性的重要意义就是

"自我的确立"。在欧洲,通过文艺复兴被从神学中解放出来的人们,有确立自我的过程,市民社会诞生,确定了基于自由与责任的民主主义。

而日本,从农业社会突然迎来了大城市的时代,其中有没有"自我的确立"的过程非常值得怀疑。真的是跨越了那个时代,不是以农业社会那样的人类关系完成城市化了吗?当今已经是个人化时代、信息化社会、激烈移动的流动人口的时代。日本人难道不能开始确立自我,创造新的城市的市民社会吗?

今天的城市不能只用在那里居住的夜间人口群体来讨论其实体。通勤、上学、观光、访问、商贸等往复循环的昼间人口大大地左右了城市的实体。不仅是居住在城市的常住人口(夜间人口),是对访问城市的所有人来说有魅力的城市,是能够聚集具有多种价值观的人们的城市。是国际知名的杰出人士想要居住、愿意去的城市。正是这样的城市才能持续地发展吧。

后面将要谈及的新加坡的万诺斯规划,由于规则放宽作为特区,创造实验城市的设想使其在亚洲领先一步。在万诺斯的国际顾问会议上,每一次讨论的都是如何做能使世界各国有才华的艺术家、研究学者、商业家每年一个月也好能到这个实验城市居住,为此需要什么样的居住环境、城市景观等这些城市战略的问题。新加坡基于这个概念,正在人造地的滨海区域规划大规模的国立公园(Garden By The Bay)。

共有空间论

将七零八落分散自立的个人紧密集聚在城市的是"共有空间"。

如前所述，与其说像迄今为止的只与夜间人口（常住人口）对应的"地域社区"是为了夜晚回来睡眠的根据地，不如说到了昼间人口（流动人口）使大城市运转的"时间社区"的时代。从外部不断地流入各种各样的文化，相信古典的社区再生理论，只创造出广场和公园这些公共空间，与社区的再生相差甚远。难道不需要将个人与建筑和大城市之间加以连接，使其共生的某些空间装置，也就是"中间领域"、"共有空间"吗？

现在，在世界各地的城市里出现的中庭、商业中心、步行者天堂、袖珍公园，与之前的公有的城市公园、公共设施不同，是由民间创造的共有空间，是"中间领域"的实现。东京也好，纽约也好，在城市空间中，可顺便利用的身边的休憩空间，地区和单位旁边作为安全避难场所的公共空间、共有空间太少。有解救城市中个体孤独的办法吗？能够消除城市中个体与个体的不信任感吗？能够实现安全的城市吗？

多种文化与人的流入是城市的魅力，但另一方面，它也是城市内产生对立的原因，是使人们陷入不安，威胁人的生活安全的东西。期待起到个体与整体之间"中间领域"作用的地域社区的复活与宗教伦理的精神联合是困难的，我将这种个体对立的城市称为"共生城市"。在这种流动社会里，一天24小时之内，在多数的场所里，不同时间里建立的朋友关系、单位上的人际关系、宗教团体、兴趣圈子和体育俱乐部、学校的同学会、专家的聚会这些人际关系，实际上对于远远超越了地域社区的人们是情绪安定装置，是安全的保障，是不同文化和信息交流的领域。不能在城市的内部形成无数这样的小的时间社区空间（中间领域）和共有空间吗？连通勤电车等移动空间也含有创造共有空间的可能性啊。

从法人的城市到个人的城市

在我出版《城市设计》（纪伊国屋书店，1965 年）这本书的 20 世纪 60 年代，池田内阁的收入倍增规划在佐藤内阁的稳定政权下得以继续，使得日本整体经济快速发展，是能看到富足的日本这一粉红色未来的时期。在那之前是战后的"复兴"时期，还没有建设城镇、设计城市这些积极的梦想。在那样的时代里，"城市设计"这个词也许只是个新鲜的印象。

在《城市设计》中，我提出了几个大胆的假说，首先，应当关注每个时代是什么在控制城市的中心。所谓城市，最初是从"神的城市"开始的，城市是献给神灵的东西，它的中心有神殿。祭祀牺牲，赞美神灵的活动是城市最重要的功能。

取代了神灵的是帝王。帝王居住的宫殿取代神殿成为城市的中心，这是"帝王的城市"。

如果帝王的权力弱化，商人便开始具有力量。在意大利的佛罗伦萨，文艺复兴的发起人是美迪奇家族。美迪奇家族用现在的话来讲就是从事汇兑的商人。一变成商人的时代，商人的兴旺本身作为城市的中心表现出来，它们就是"广场"（Plaza），是豪华的公馆。这样，城市的中心从"宫殿"转到了"广场"，在广场上设置市场、教会和市政机构。这就是"商人的城市"的出现。

当代，是"法人的城市"。大企业的总部或者百货商店、旅馆、银行等占据了城市的中心。

那么，我认为未来的城市是"个人的城市"。个人的城市是"没有中心的城市"，在那里每个人都是英雄，市民大众每个人都是帝王，也许可以说那就是消费者的时代吧。是没有中心，权力被分散的城市时代。在"个人的城市"里，没有中心，人类居住的住宅就象征着城市。为了防止人口无序地向郊外扩散这个所谓"摊大饼现象"，城市中心必须建设低收入者也能生活的低层高密度住宅和高层高密度住宅。

这近十年间，在城市中心区不断地有超高层公寓出现，但它们仍然是富裕阶层的产物。还没有达到谁都能住在城市中心区的状态，个人（市民）的城市是今后的目标。

不管怎么样，中心有大广场，有放射状道路，被统一在一种秩序下的城市时代结束了。新的城市是小城市（地区）的集合，是没有中心的环状城市。在那里，"时间社区"或者"临时社区"形成交流的场所。

从广场到街巷

生命的结构由细胞的集合构成，如果是这样的话，不是也可以认为城市是如同细胞一样的地区的集合吗？而不必把城市看作是一个统一的秩序。例如，认为东京这个城市也是由 300、1000 或者数千个像细胞那样的小城市的集合的话就更好理解了。

原本东京就是按轮替参政（江户时代的制度，诸侯原则上要隔年分别在自己的领地和江户居住，客观上促进了各诸侯对江户的建设——译者注）原则完成的集合体。各个诸侯接收一块领地在其上建房屋，连同家臣一起在江户停留一定时间，然后再回到自己的地方上去。通过这样一个过程，东京形成了包含多种地方文化的小城市的集合。

我认为，现代的城市本来就是这样的，不仅是日本的城市，伦敦、巴黎也是如此，纽约不也是这样吗？从世界聚集而来的人们，在纽约建造了无数的聚落，如果有人种、地域、文化，或者富裕阶层和贫困阶层的差距，就会有各种各样的不同吧！我所思考的就是像这样的细胞集合的城市。

如果城市是这种细胞的集合体，只用中心广场是起不到作用的。在某些地方有大的中心，在那里有大的城市广场，从那里放射状地延伸出秩序井然的道路这样的城市时代宣告终结了。

那么，取代了广场，什么又是主角呢？我在《城市设计》中表述了我的想法，"东方的城市没有广场，如果寻求在东方的城市里起到广场作用的东西，那就是'道路'"。历史上也可以看到，在日本的城市中找不到像西欧那样的广场。京都、奈良都没有广场，寺庙虽然有很大的内院，但那不是公共的广场。相反，日本有"街巷"。也可以说不是"在日本"，"在东洋"也一样。街巷是独特的"中间领域"，具有作为联系私人与公共的独特的共有空间的功能，成为交流的场所。特别是在江户的下町等地方，各种各样的人们住在街巷两侧，经常上演滑稽故事的街巷风景里，自然有熊五郎、八五郎（均为落语的登场人物——译者注），有浪人，有生了一大堆孩子的夫妇。江户时代的跨街巷社区，在所谓"街坊四邻"中住着各式各样的人，他们创造出独特的日本城市文化。

以此为前提来思考的话，在作为细胞集合体的城市里，"街巷"就是中心吧。日本的街巷的复活成了未来城市的关键。以不通行车辆的道路、人类步行的道路、街巷为中心的城镇建设如何重要，在《城市设计》中都论述过。

恰巧当时读了城市学者简·雅各布斯的《美国大城市的死与生》这本书，她在其中发出了如果不重视街道的社区文化，美国的大城市将会死亡的警告。我觉得是个与我具有相同想法的朋友啊，就立刻给她写了信。最终，我把这本书翻译成日语出版了（鹿岛出版会，1977 年）。

高密度的江户房屋鳞次栉比，街道空间因所有的商业买卖而洋溢着活力。
（柏林东洋美术馆藏《熙代胜览》）

露天茶室　　　　　　　　站着卖点心

租书商　　　　　　磨刀具　　　　　　捣米店

　　江户是当时世界上最大的城市，不是最先进的实验城市吗？有街巷文化，而且经常会有从地方上来的异质文化进入。所谓世界城市，是如同把异质文化放在其中混合一般的坩埚中产生出来的。

　　江户城镇的街巷代替了西欧的广场，是有生气的交流空间、服务空间，是典型的共有空间。当时在街巷里反复进行的是使用扁担、摊床、临时小屋、条凳、排子车、肩舆等工具的买卖。

　　卖茶碗、修竹皮草履、磨刀具、卖引火木、点心铺、租书铺、茶室、卖药、卖鱼、街头肩舆（现在的出租车）、捣米铺、卖水、卖烟袋、漆器工匠、住持（外出主持祈祷）、卖竹笊篱、收购废纸、卖菜等数不胜数的所有店铺和饮食店在路上以临时的店面和流动商贩的形式热闹的经营着。

　　江户的道路和街巷，有着生活中必不可少的经济、文化交流，以及服务的共有空间的功能。可以想象江户这座不汇集到广场，能够 24 小时内周游流动在道路和街巷的城市，暗示了未来高密度城市的姿态。

4 少子化时代的紧缩政策

人口减少时代的到来

2005 年，日本人口越过巅峰期，已经明显地进入到人口减少的时代。

1969 年，我和牛尾治郎一起成立了民间智囊团"社会工程学研究所"。是仰仗由三菱、三井、住友、富士集团等全日本代表性企业出资，结合经济、社会、政治、文化、工程学进行综合的未来研究的充满热情的专家集团，其实施研究的不仅是民间企业的委托，也有各级政府委托的多项研究和政策建议、未来预测、舆论调查和城市研究。

其中留有特别印象的是在追溯过去推算的日本的人口构成基础上，进行了至 21 世纪初的长期的人口预测，以把握作为国土规划基础的数据。根据从经济企划厅接受委托实施的这个研究的结果，社会工程学研究所作为自主研究，又进行了到 2050 年左右的长期的未来预测，提出了从 2015 年前后开始，日本的人口有可能转向减少的预测。

但是，我记得对于这种讨论当时受到了批判，当时的人口问题研究所所长，就质疑到 2050 年时日本将步入人口减少这样的推测。在当时，人口减少时代只是被当成一种笑谈，没有一个人注意倾听。

从那时起经过 25 年，最近又有人讨论人口减少问题了。看看政府的混乱状态，对缺少长远展望的日本政策感到遗憾。在变化的时代里，必须要有长期的预测，特别是在信息化社会里，媒介的作用很重要。平民主义具有很大的力量，因此，不能被媒介倡导的流行所左右，基于长期预测的政策是重要的，因为它是国家目标。

人口减少基础上增加的少子化问题，直接与劳动力不足及日本经济力的走向相联系而被争论，在这里，只将少子化作为经济问题处理的日本的经济至上主义显露无遗。看看美国就业者的结构，其主角的地位在 20 世纪初从农业向制造业、工业转移，20 世纪后半期（1960 年左右）从制造业向服务业转移，21 世纪的前半期（2010 年左右）大概会从服务业向"创意产业"（著作权产业）转移吧。这个倾向不仅是美国，在欧洲、日本等发达国家也是共同的潮流吧。

这样的话，我对于将少子化等同于劳动力不足、经济衰退的这个图式感觉有很大的疑问。如果和从事制造业的所谓体力劳动者相比，"创意产业"即电影、音乐、书籍、电视节目、体育、教育、饮食文化、时装、规划、设计、游戏、健康等等领域，每个人的生产能力非常高，这就是产生附加值的"创意产业"的特色。尽管人口减少，年轻的就业者减少，但假如从事创意职业的人比例高的话，经济可以继续持续成长。今天，是从人口时代迈向人才时代的转型期，有理由需要培养人才的政策和城市政策。

如果把人口看作是工人，年代论则被重视。能够提高劳动效率的应该是体力，是肌肉，是视力，是记忆力。为了 60 岁退职以后在退休生活中得到年轻一代的照顾，养老金要充实，这是年代论的概要。像这种年代论，在现在开始的创造性年代里是完全不适用的陈旧概念。创造性时代里重要的是思想力、想象力，是个性感性，是丰富的感觉。经验作为磨炼创造性和感性的事物重新被评价，并且将历史向未来传承的力量即手工艺人的技能、传统工艺等，以及通过实在、刻苦的努力能够获得的个人实际知识，作为技术而被重新评价。

今后，世界将不讲年龄、辈分的关系，向重用可发挥创造性的人才的社会、制度转变。那么在日本，有超过千年的创造性和手工技艺的历史传统，因此，能向这样的新方向进行结构变革的话，具有成为世界上少数创意经济大国的潜力。也就是说，需要转变结构改革等于经济效率这个经济至上主义的图式。经济与文化是共生的，我在共生思想中强调不同代人能够共生的城市空间，以及不同文化和个性能够交流的共有空间的重要性就有这个意思。

顺应人口减少

去年（2005 年）在德国的法兰克福国立建筑博物馆举行了我的回顾展，稍后借柏林德国建筑中心巡回展的机会，受邀在法兰克福工业大学、冯堡大学，以及德绍的包豪斯和魏玛的包豪斯、德雷斯顿工业大学等多所大学进行纪念性演讲。被提问的一个共同问题是关于在以东德为代表的欧洲所谈及的紧缩政策。东西德统一后，特别是在东德各城市中发生了人口减少和伴随而来的经济衰退。在这种情况下，如何做可以顺应缩少的人口，创造比现在更充实的城市生活呢？这样的紧缩政策被提起讨论。

积极地利用伴随人口减少形成的空地建设微型森林，在城市建设附有舒适工作室的住宅，招徕美味便宜的餐馆，在集合有才能的艺术家和厨师长、建筑师、手工艺人，咖啡、酒吧、剧场和艺术家沙龙、猎头人，风险商人、画廊、代理人上应该怎么做才好？这不是交通规划的问题，也不是区划用地的问题。不是大型的公共广场、公共设施的规划，而是新型的民间化的小型共有空间创造的话题。该如何创造激发创造性的环境呢？不只是整合大企业的商业基础设施，要使中小企业和街道工厂、工作室，现在还包括小规模的品牌专卖店集聚在一起，创造吸引人才的魅力、气氛和生活风格，是这种创造性的策划技术问题。

不仅是东德，在亚洲例如新加坡这样的国家中，人口的增长有界限，国土面积也受到限制。但是新加坡进入了世界上人们最愿意居住的 10 个国家之列。温暖的气候，绿化丰富的美丽景观，各国顶级建筑师竞相设计的高层建筑群，遵守规则的国民性等是主要的理由。新加坡是严格禁烟的国家之一，在城里漫步时是禁止吸烟、吃口香糖的，是乱丢垃圾要被罚款的清洁城市，而且国民能说英语。

在新加坡，在与曾是过去英国军队营地的新加坡大学相邻的城市中心部，进行着实验性城区的建设，这就是由于放宽限制而作为特区的世界最先进的实验城市万诺斯。我先是作为评委之一参加，并评选出活跃于世界的扎哈·哈迪德的方案为万诺斯的总体规划。

周边留出宽阔的空地，建设一栋栋的超高层建筑，这是与以往勒·柯布西耶的"光明城市"不同的高密度城市。在这里，所有的停车场都在地下，引入新的城市交通系统 LRT，细致的步行者专用街巷成了主角。超高层并肩而立，它们的高度不做统一限制，创造出具有波浪起伏的城市景观。在这个万诺斯中，散布着生态城、融合城、媒体城等许多节点还有场所。我设计了其中一个重要的节点融合城，现在工程正在进行中。

融合城是万诺斯中的一个小城市，地下有 LRT 的车站和停车场，其上建有三栋超高层建筑，而且三幢超高层建筑互相之间以桥来连接，确保避难时的安全性。在低层部分有作为共有空间的商业中心街和公共服务、娱乐设施，中间层部分是办公，上层部分是居住，而且在屋顶，在中间层，在各处建设有作为空中庭园的共有空间，这就是所谓的立体分区制。

新加坡的特区——实验城市万诺斯的规划概念是专为步行者使用的街巷。［引自建筑师扎哈·哈迪德的万诺斯总体规划（2000 年）］

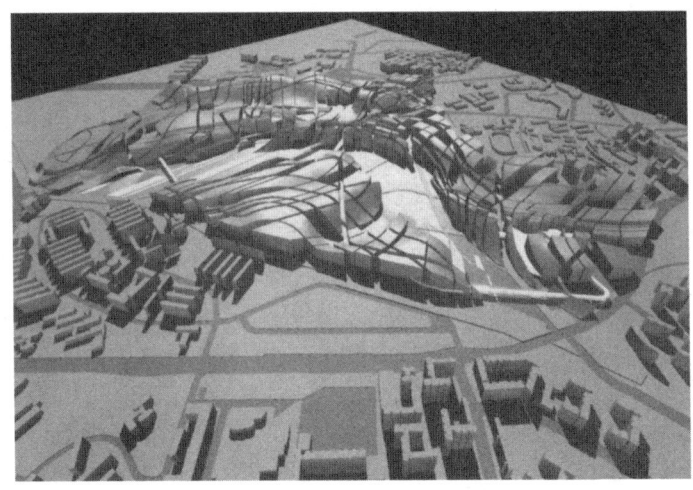

在部长作为主席的会议上，讨论了如何创造国际人才、艺术家、研究者、风险商业人聚集的场合，为此要引入哪个国家的哪个饭店，以及创造什么样的生活方式等。

这正是少子化时代使城市可持续发展的场所的创造。通过将"人口"转读为"人才"，即便是人口减少，培育附加值、生产效率高的人才，进而引进国际的流动人口、观光人口、昼间人口也是可以的。创造性时代的城市不是为常住人口专用的，必须是为居住的人、工作的人，以及来访的人服务的共有空间。

交流的丧失

但是，少子化当然也是有问题的，其中最困难的课题大概要算是"交流"问题吧。

过去，家庭都是大家族，在地域还存在社区的时代，小孩子们通过兄弟、姐妹间的打架，好朋友玩游戏的体验学会了交流的方法。家庭里通常有祖父母、父母、兄弟，孩子学会了与亲人交流的方式。附近的孩子多，不缺乏游戏的伙伴。

但是，在我们的家庭里，几乎不与祖父母同住，没有兄弟、姐妹的孩子增多了。没有了围着大圆桌而坐的家庭，变成了父母子女三人或四人坐在小的四角方桌旁。甚至能看到全家人面向电视坐成一排，不说话吃着饭的情景。森田芳光导演的电影"家庭游戏"（1983 年公映）描写的就是顽固、拘束、生硬的家庭景象。在这样的家庭中养育的孩子在学校应当不会温柔地交流。不上学，欺负人，闷在家里，最后的结果很有可能引发子女杀父母、父母杀孩子、孩子杀孩子的事件。

为了确保社会的秩序，需要某些"情绪安定机构"或者是"安定情绪的空间"。它们不是公有的公共设施、大规模的学校、大型的福利设施、医院，而是民间，或者 NPO 组织建立的共有设施、共有空间，它们最好位于身边。地区的集体宿舍和家庭学校，或者资生堂的单位幼儿园等是好的例子。

自我确立、交流能力强的家长和子女，将个人的小房间这种空间作为提高自己创造性的场所，能变成情绪安定机构。但是对于交流能力不足的家长和子女来说，这种个人的房间就是逃避、闷居的场所，使交流能力更加丧失。

如同前面章节叙述的那样，在当代，扎根于地域社会共同意识的"地域社区"的时代终结了。工作范围社区、学校社区、相同爱好社区、同学会社区等，虽然居住的场所不同，但是共有一天内的某一个时间段、一个月内的流动性的社区是必要的，而且把这样无数的临时社区作为共有的场所纳入到城市空间是必要的。

为了恢复失去的交流，学校、家庭以及共有空间是重要的，以往城市的公共广场等没有这个力量。需要无数个个体结合整体，使人与人的交流复苏的中间领域、共有空间。不是大型的养老设施，而需要有可能进行各代人交流、联系的集体住宅；不是大型的综合中学、小学，而需要小型的众多的学校和私塾；不是大型的医院，而需要众多质量高的街区医院；不是大型的图书馆和公民馆，而需要不管谁都可以造访的小型图书馆、剧场和沙龙。

在亚洲，紧随日本少子化的大概就是采取独生子女政策的中国了，但是其他亚洲国家例如印度正相反，年轻人群体很庞大。

在日本，关于外国移民的消极议论很多，有将移民与犯罪发生率联系在一起的说法，在大多的场合都会认为移民等同于输入工人。

补充劳动力不足的优秀移民大受欢迎，但正如前面说的那样，如果支撑 21 世纪的经济是创意产业的话，海外来的游客自不必说，整合让有才能的艺术家、设计师、音乐家、作家、研究人员、教育工作者、医生、律师、企业创办人、护士这些人才聚集到日本的条件是必要的。

如果从海外来观察日本的城市，物价高、绿化丰富的自然环境和公园少、英语不通用，没有充足且易居住的住区环境。作为补救少子化的方法，为了使海外人才在日本定居，整合城市居住环境正是紧迫的课题。

以退休养老金一项来看，争论集中在对养老金给付的关心上。以前，我是厚生省社会保障长期规划恳谈会的一员，我的意见是所谓社会保障是宜居环境和养老金的综合，如果能提供房租便宜的、城市中心型的、公共的老年人住房，养老金的给付额度在一定程度上也是可以的。发放养老金，只是限于他本人消费，但公共住宅却是几代老年人能够持续使用的社会资本。还有，老年人如果住在城市中心的话，代际内的交流成为可能，通过这些也能增加老年人的部分就业和参加 NPO 吧。

正是这种对于少子化的另样的观点、积极的视点才成为紧缩政策的中心课题。

紧缩政策和福利政策

在序言中说过，认为少子化就是劳动人口的减少是因为考虑人口就是劳动力。在机器时代的工业化社会中，就业者的第一位是从事制造业的工人，人是体力，是肌肉。因而就认为老年人和身体残障人士生产效率低下。在这种社会中，二元论还有分离主义盛行。处于支持社会发展地位的年轻人减少了，而处在被社会支持地位的老年人增加了。在福利政策上也使用健全者和身体残障者的分离主义的二分法，是处于支持社会地位的健全人和被支持的残障人的二分法。我经过约半个世纪追求的共生思想，将改变这种二元论和分离主义。

为了配合在《城市设计》中提倡的老年人公寓和幼儿园的复合化、不同代人的共生，与当时的爱知县知事桑原干根商谈，想在渥美半岛的一块用地上实现这个想法。但是，当明白了各种设施因为官署的主管、补助金都不同，不可能合在一起建设时就断了这个念头。行政上到处都浸透着上下级关系的分离主义，其质的结构性改革即便在今天也不容易。现在虽然迎来了综合的变化，即从机器时代向生命时代的观念转变，但这种上下级关系的行政体制不改变是追赶不上世界变化的。

到目前为止，奉行经济至上主义，将经济大国作为目标的日本，建立了单纯面向这个目的的效率良好的上下级关系的行政制度，成为世界第二的经济大国。在通往经济大国道路中起到有效作用的是官署的上下级关系这样的分开、分离主义，是因事业部制而发展良好的大企业的上下级关系组织。因为这种成功的体验已凝结在身体中，所以行政部门和大企业自身的结构改革会很困难。

城市的用地制也是分离主义的。大概二十年前，以介绍意大利的混合用地制度为契机，也有过在建设省中创办研究会的说法，但也无声无息了。通过土地用途的混合使用追求城市活力的主张，不仅是我，美国的城市学者简·雅各布斯在《美国大城市的死与生》中也提出过。

在日本，少子化给城市，特别是地方城市的商业街（带连廊的街）带来了巨大的影响。例如我听说鸟取县米子市的本通商业街 120 所以上的商店中有接近 50 所关上了闸板，不过最近，那些关闭的商店更新为新的福利设施。这是促进混合用途的了不起的事情。

商业街一层是店铺，其上层住人，可以 24 小时精细的服务，也形成了共同意识。店铺的经营者要是在郊外有了家，有顶的商业街就会失去它的魅力。将带顶的商店街的二层住所化是更新的一步。将关门歇业的商店用来作为集体宿舍、家庭学校、胎儿保育、在二层能居住的艺术家工作室有多好啊！人在城市中心居住，功能混合使用才是更新的关键。

地区医疗、地区福利

在大政府、城市扩张的时代，为追求效率建设了大规模的福利设施，如残障人聚居地、大型的老年人之家、大型的文化设施、大型剧场等。从官方到民间的结构改革成为向小政府转变的结构改革的中心。但是，所谓城市，在成为经济的装置之前，是调动人类多样的个性，是不分健全人、残障人、年轻人、老年人能够共同生活的"证明生活的场所"，必须是每天有创造的场所。不仅是从官方到民间，还有从大到小，从公有到共有，这才是结构改革的本质内容。

过去，人们生于家中，死于家中，不仅是家族，地区也在守护他。家庭、建筑、城市是生活得以证明的场所。但是，在有了大医院的现代社会里，孩子在医院出生，老人在医院里孤独地去世，守护他们的不是家族成员，而是医生和护士。因少子化，大家庭解体了，因无界限社会的出现，地域社区解体了。这种状况下只强调过去的地域社会的复兴和家族的纽带作用大概不能解决任何问题。以从大政府到小政府，从官方到民间，从扩张的城市到紧缩的城市这个新的潮流为契机，有必要进行真正意义上的结构改革，即城市生活水平上的质的、文化性的结构改革。

我在担任厚生省社会保障长期规划恳谈会委员时提出过两个建议，一个就是前面所说的低额房租的老年人住宅与养老金配合的方法，即使养老金额度减少，如果有低租金的租赁住房的话也可以，其投资几代人都能利用。

第二个是地区医疗、地区福利的思考方法，是将老年人、残障者从大型的老年人之家和残障人聚居地解放出来，重新回归地域社区的建议。在地区内建设小型的集体住宅，高龄者对策、福利政策的第一点是计时工作也好，被限定的工作也好，让他们能继续工作。可以工作的场所在街市中，所以老年人之家、残障人设施应该回归街道、地区。但是，只依靠像过去大家庭中的那种自助努力在今天已经不适合了，所以需要互助，需要在地域内形成互助的共生思想。

如前所述，今后产业的结构将发生巨大的变化，创意产业的全盛时代将会到来。这是从工业化社会向真正的信息化社会、共生社会的转变，是比起体力、肌肉来更加运用头脑、个性、创造力和心智的创意产业社会的出现，会消除代际之间的能力差别、健全人与残障人的肉体上的差别吧。应当将最先进的技术更加应用到福利与医疗器具中，不去区分老年人和残障人，是能够有效发挥其经验、才能、个性和心智（感性）的时代的到来。促使向这个全新品质的社会、产业以及街区建设转化的政策，才是真正的福利政策，是结构改革的目标。

由于小家庭化与少子化，包括家庭在内的人际关系正在发生改变。公民馆、文化中心、医院、学校这些大规模的公有设施这样分散，能够拯救数字化的人类关系吗？今后，就要指望由社会事业志愿者和民间 NGO 等建立的共有设施在地区内的发展了。

大城市化在加速

有一段时间，大家都说城市的时代结束了。政府的方针也与学者们的意见相同，媒体上也大量地大书特书由于 U 型转变、J 型转变迎来地区时代。

的确是有那样一些细微的前兆，之一就是通商产业省的产业分散政策成为基础，工厂向全国分散，向东京的集中变弱了。伴随这一点，过度集中于东京的人口也再次开始分散了。政府以这种情况为样板，打算整理国土规划。但是，在其过程里，我虽是少数派，但坚持表达一贯的主张，"不是向地方扩散那种情况，包含地方在内，大城市化不是在加速吗？"。

从那以后，每经过一段时间，我对自己思考的东西就变得更为自信。例如，通产省推进的产业的分散、工厂的分散具体情况如何呢？比如从东京向九州、四国的转移并不完全为零，也有完全把工厂转移到地价便宜的地方的例子。或者还有地方自治体通过税收体制的优惠措施，实行活跃的招商活动，为了整备工业园区，利用其有利条件从大城市圈转移来工厂的例子。但是，肯定不是像政府所说的那样，是为了阻止东京的大城市化，创造地方新的人居社区。

大部分的工厂从东京中心区迁出，但新选定的地点仍处在东京的周边地带，只是转移到琦玉县和千叶县等相对来说离东京比较近的周边地区里。的确，港区、千代田区等中心位置的夜间人口急剧下降。离开中心区的人们也如同工厂一样，在极限的能够通勤的范围之内购置便宜的土地，修建自己的住宅以便上下班。结果，包围东京的近郊地区成为产生公害的工厂和从东京逃避出来的住宅乱七八糟混杂在一起的一个区域，形成了最恶劣的状况。

而且，在过于稀疏化的城市中心区，出现了学校或是废止，或是合并，或是转移的状况。百货商店一度也不行了，白天的确有很多人在工作，但傍晚以后就空洞化了。由于晚上没有人住的原因，从安全的方面来看也增大了不安感。作为结果，人口分散的政策是不成功的。

重视昼间人口数

我现在有与各府县知事讨论的机会。知事们苦恼的是由于少子化，县的人口减少，生产力和预算也减少。在与其说是成熟，不如说地区正处于夕阳化的进程中，县、市、镇、村能做些什么呢？大家都很苦恼。对于这些，我提倡应该将流动人口计算进去。作为县民人口统计出来的是夜间的人口，是在这个县居住的人口数量。但是例如东京，只有白天来中心区的人口才多达数百万人，才是有数百万人的东京。即便在县域里，也应该有访问那里的人，有观光旅游的人，有为做买卖而短期或长期逗留的人。随着无界限化的进展，流动性的增加，他们不会超过夜间人口的居民数量吗？对于各地方政府来说，相比起为了固定的夜间人口而言，实施为昼间人口建设舒适的城市、临时社区和民间的共有空间方面的政策更为重要。

假如以一天为单位可考虑有昼间人口和夜间人口的变化，假如以一年为单位，有季节变化带来的人口的变化。其变动非常剧烈的一个极端的例子是轻井泽等旅游地。轻井泽镇是一个小城，在那里常住的人口不太多，但一到夏天，城市近乎膨胀了近一百倍。为此有旅馆，有名品室内街，有高尔夫球场。整修道路，而且建设了新干线车站。就这样，轻井泽这个镇的建设，无论如何不能只用常住人口考虑。虽然轻井泽以前就有旅游城市、休养城市的设想，但从现在开始，全国的城市也必须同样重视昼间人口了。

在汇集起来的流动人口中，有来工作的人，也有学生，也有单纯旅游的人吧。在这种交流中创造的是城市的文化。想一想纽约、巴黎、伦敦、东京等这些国际城市，那里就是接触异质文化的交流场所。城市通过这种异质文化的共生创造出新的东西。但是,来日本观光旅游的人口一年中是 500 万到 600 万人,这些若与土耳其 2020 年旅游观光人口 5000 万人的规划相比还是太低了。考虑到这一点,还很难说东京是国际城市。

5 通往紧凑城市和可持续生态城市的挑战

城市啃噬光了森林

当今，地球环境问题被热议。城市化（城市区域扩大和向城市的集中）与地球环境问题有重要的关系。地球表面上可供人们生活的区域有限，因为地球上多是海洋，即便是陆地也有沙漠地带、山岳和极其寒冷的极地等人类不能生活的区域。一方面人口在不断地增加，现在业已超过 60 亿，逼近 100 亿的日子大概也不会太远了。然而，将这个事态放在城市建设和农业所需要的区域面积上来想象就非常严重了。例如，设想人口变成现在的一倍，今后将需要与现在业已啃噬光了森林的，已经城市化了的面积相同大小的开发区域。既然地球面积有限，简单地想一想这也是不可能的。

森林占陆地面积的大约三成（4 亿公顷），这其中每年还要减少 940 万公顷。森林的破坏甚至意味着人类的灭亡，这是必然的结果。人类生活的领域扩大的话，森林将会消失。而森林消失，栖息在森林中的生物会灭亡，以森林为源头的河流会消失。如果河流消失了，海洋也会消亡。如果海洋消亡了，捕鱼就没有了，当然农业也不行了，但为了发展农业，必须要更进一步地采伐森林。为了容纳增加的人口，城市只是向郊外扩大，人类不可能继续存活。那么，城市该怎么做才好呢？这是摆在面前的关乎人类危机的重大问题。

城市。经历了某个产业的阶段、文明的阶段得以建立。现在的上海和墨西哥城拥有 2000 万和 3000 万人，是以往不可想象的大都市。我所说的"城市的时代"设定为不仅是发达国家最终达到的发展状态，也包括发展中国家在内的地球上发生的所有城市化。在地球环境中，人类为了生存，城市化是必然的。本来应该在自然中生存的人类正处于没有城市就不能生存的状态中。假如没有城市，水、燃料、食物就无法搞到，也没有工作的场所。如果没有医院就不能助人长寿，救助生病的孩子。

在墨西哥城，不知是垃圾场还是住区的粗糙的、临时性的建筑组团，没经许可地广布在城市的周边地带，这也是广义上的城市化。人口增加的速度不断上升的话，城市化给予地球整体生态系统的严重影响也在急剧扩大。

从低密度城市走向高密度城市

现代城市的一个特征是其建筑不论低层还是高层，作为整体都是均质化、不规则的扩大化和低密度化。体现现代城市理想的勒·柯布西耶的光明城市方式，是高层低密度的范本。但是，城市保持这样低密度，如果地球上的人类达到 100 亿，那地球上的那些森林也许就会消失殆尽了。

如前面所说，森林和河流与人类因微妙的平衡而共生。但是，假如城市无限制的扩大，这种平衡会崩溃。那么，人类必须采取什么样的居住方式呢？

用一句话来说的话，就是需要"紧凑的居住"，不论发达国家和发展中国家，这是一个共同的重要课题。以紧凑来寻求高密度的城市理论和政策。

例如在美国，高密度高层化的只有曼哈顿。假如去稍微离开曼哈顿一点儿的布鲁克林，就是一排排的低层建筑。如果去美国的地方城市，达拉斯也好，洛杉矶也好，都是在市中心建设高层建筑，其余的地方在环视范围内几乎都是并排的、平坦的独户住宅。在它们之间来回奔跑着耗费着汽油、排放出二氧化碳的车辆。在欧洲是如此，在日本也是如此。不仅是发展中国家，即便在发达国家，紧贴着土地居住的这种低密度的田园城市风格，会一直持续下去吧。不仅一般的老百姓居住在郊外的独户住宅中，好莱坞的有钱人居住的贝弗利山也是同样的。谁都没有认识到这也许会带来地球的危机。

即便是发展中国家有其他的原因，但存在着与发达国家相同的问题。墨西哥城以极其迅猛之势在经历着人口的增加，城市化的蔓延。河内、上海也是如此。特别是在亚洲的大城市里，抱有到了城市总能生存下去想法的那些贫穷的农民从农村地区向城市集中。挤占了森林与农田的城市扩张，不仅在发达国家，在发展中国家也是同样。由于城市化，地球的循环系统、生态系统都被破坏了。

但是，迈向紧凑型城市这样的急迫课题作为政策却几乎没有讨论过。尽管有"保护地球环境"，"执行京都议定书"，"减少二氧化碳排放"等这些讨论，但由低密度城市化带来的危机这样的扩展到眼前的城镇建设课题还尚未言及，对此我感到太不可思议了。

前面叙述过，像东京、伦敦这样的城市中在紧凑街区营运着的地铁和巴士，总会经营下去的，这是因为城市的人口密度高。例如我们看看东京的地铁，车站与车站之间最短的地方只有 500 米，并且，数个运营网络交织，经常都有使用者。公共交通在紧凑型城市只在夜间人口密度和昼间人口密度都高的城市部分设立，因而，在洛杉矶，虽然几度规划地铁，但结果是收益困难被终止了。

紧凑型是高密度的，且市镇用地面积少，机器时代的现代主义城市规划中采用的方式完全与之相反。田中角荣首相的"日本列岛改造论"所针对的目标就是"消除过密与过疏"，将东京视为"过密"。因为过密不好，还是在自然的景色中建设独户住宅为好，将这种 19 世纪英国的埃布尼泽·霍华德以来的花园城市景象视为理想。但是，这样的城市规划所带来的破坏地球环境这个自相矛盾的事，大家都没有注意到。

在日本，少子化在继续，人口在减少，城市化在发展。因为人们集中到能工作的地点，城市化不得不发展。如何将城市建设成紧凑型应当是今后的城市战略，这也应该是对可持续的城市这一课题的解答。

创造阔叶树、落叶树的森林

城市紧缩，将城区建设成紧凑型，是将其郊外部分重新恢复森林的机会。

德国的施瓦茨沃德（黑林山）是人工培育的森林，今天是市民郊游的场所。明治神宫的丛林也是经过 70 年培育的人工林。希望城市中有小森林（微型森林），学校和庭院中有树林。商业街上如果增加了空房子，在那里种树形成小的树林也是好的，那是商业街共有的丛林。日本是多雨、容易培育植物的国家。在东京周围使武藏野的森林再生，让多摩新城的空地恢复漂亮的树林也是可能的。为此，应该在现行的建筑标准法和城市规划法中，在容积率、建筑密度的基础上，进一步明确赋予用地内绿地率和植树棵数的责任。保护林地，创造林地，不能全部依赖于 NGO 的善意。

森林中有用于林业的人工林，日本 60% ~ 70% 是山林、平地森林，但是国有林地、县有林地、民间的森林在今天都有存在的危机。例如，在日本 970 个森林工会里，具有从生产到制材、销售实质性功能的只有 30 ~ 50 个，其严重程度是非农业能比的。

种植下 3000 棵树的森林，在其中如果最少不间伐 800 棵的话就难以成林。然而，日本建设木制住宅的 80% 是从国外进口的木材。国内的木材在价格上没有竞争力，因而无法促进作为间伐材的木材的利用，间伐停止了，甚至还有间伐材放置在森林中无人问津的情况。林业工作者的高龄化与后继不足成了问题，在这一点上和农业是相同的。

在全国总面积为 2500 万公顷的山林（包括平地林）之中，人工林是 1000 万公顷，从供需平衡来看，现状是 20% 供给过剩。

另一方面，日本林业只以杉树、扁柏为主要目的的建筑材料生产已到了转换的时候。我以前对林业厅提出过创办生木公社（或者公司），为促进城市内的绿化，将建筑材料用林向行道树用阔叶树、落叶树的苗圃养育林转换的建议。比起杉树、扁柏这些建筑材料，将向可预测今后会增加需求的附加值高的城市型林业转换。继续保持林业的供需平衡，另一方面是发展面向建设新森林的苗圃和培养基地。

现在，作为建材的木材也需要品质改良和采用新品种树木，将有防火处理可能的木材与铁、铝等金属复合，作为混合材料使用的方法也出现了。还有，在美术馆的收藏库等地方使用的调湿作用优秀的木材和可与婆罗洲产的铁树相匹敌的耐水、耐久性优良的硬质不磨损木材等，虽不是大量但应当有开发的必要。

另外，因为杉树、扁柏森林的土壤与落叶树、阔叶树的森林相比不具有保水性，所以雨水快速渗透后河流的水量就会增加，暴雨还容易引起山体崩塌。在这一点上，落叶树、阔叶树的森林，其土壤中包含的营养成分通过河流流入大海，若遇到那里有海水上升流的话，就成为海洋植物浮游生物的营养成分，它们使动物浮游生物增加，对近海的渔业和牡蛎养殖也有效果，过去被称为"有鱼的森林",是海洋和山(森林)的共生。在有20%的人工林(约200万公顷)过剩的日本,向落叶树、阔叶树的森林建设转变是一个紧迫的话题。

水田的保护和农业,特别是制米业的延续也是紧迫的课题。山林是与农业共生延续下来的,农闲期的农民在山林里烧炭、采蘑菇、帮忙间伐。水田起到了森林中降水的调整池的作用,形成了连接山与河流的生态廊道。林业与农业相伴,不去规划它们的延续发展就没有日本的未来。将来在世界的森林建设、森林保护上使用日本林业的专业技术和管理的时代将会到来。使用现在的山林和劳动力,在日本的高度上将精细的林业培育成国际企业的战略不是很有必要吗?

新加坡的万诺斯

新加坡的再开发实验城市万诺斯正在建设中的信息、通信技术复合体"融合城",对我来说是向高密度城市发展的一个挑战。

万诺斯的总体规划是通过国际竞赛选用的伊拉克建筑师扎哈·哈迪德的方案。她的方案是一个面向即将到来的高密度城市、紧凑型城市,改变以往新加坡高层建筑景观的方案。

在万诺斯,作为生物产业基地的"生物城",作为 IT 产业基地的"融合城",以及作为传媒产业基地的"媒体城"三个基地形成了分散的城市中心。我经手的"融合城",有意规划成三栋彼此靠近的高层,用几座桥相互连接。地下部分是地铁车站和停车场,以及迁入的超级市场。连接三栋高层的地上步行专用道,形成三层结构的立体专用步道,其两侧并排建设咖啡、餐馆、时尚精品店,其上面有公众会堂。高层部分的中间层作为办公,高层部位是居住,屋顶为共有的绿地和餐馆。这是我长年所提倡的为了紧凑型城市的功能再生，功能立体划分的立体分区系统的实现。还有，在高层建筑正面到处都有作为共有空间的空中花园（悬吊花园），跃层式的居住空间在两层高的平台中种植了中、高型的树木，与自然的共生是它的目标。

万诺斯是在新加坡首次实现的、以步行道为中心的超高层城市。高层建筑并排紧挨着，但为什么要特意这样做呢？其意图是实现通风良好的阴凉，窄窄的街巷之中车辆不能进入，有普通大众的共有空间。这样的话，新加坡人不是更加期待步行这种方式了吗？

新加坡的气候是全年热度平均超过摄氏 30 度。为此，哪怕只移动一点点距离也要开车的人很多。楼与楼之间相互离开，建筑物与建筑物之间有空地和绿化。这虽然是现代城市所追求的理想城市景象，但是，从一座建筑物到另一座建筑不可能愉悦地步行。

我的方案是将分离建设的超高层成簇建设，其余的地方尽可能地建设广阔的森林，使热带雨林再生。如果集中三栋超高层建筑的话，会形成几万人生活工作的小城市，是小城市与森林的共生。

这样将城市建设成紧凑型，使城市作为小城市的集合。在日本，尽可能将都市中心的办公楼上部作为住宅，大幅度地放宽容积率也是可以的。

另外，屋顶全部做成共有的公园，且全部用桥将屋顶与屋顶连接起来，就能绕着圈在屋顶公园散步。即使考虑紧急情况下的安全保障，不仅可以向下跑，作为避难手段还可选择逃到屋顶，沿着屋顶转移到其他建筑去。超高层的屋顶公园中有幼儿园也不错，那样的话，能够将孩子寄放在屋顶幼儿园后再去工作。

实验城市万诺斯的节点之一，融合城。3栋高层建筑相互之间以桥连接起来。正面设置了空中庭园。
［融合城（2002年）］

屋顶绿化在日本一点点的推广，但比起其他来，立体的、高密度建设空间是向紧凑型城市迈进的第一步。日照权虽然重要，但如果地球环境不行了，就什么也谈不上了。如果双重考虑人类与地球环境的可持续发展的话，在城市中比起日照权来，无论如何也必须要把握高密度，紧凑型居住这个大方向。

高密度的江户

假如说没有高层就形不成紧凑型，恐怕也不是那样。纽约也好，伦敦也好，有很多三层、四层的建筑物一个挨着一个的地方。在纽约被称为布朗斯通的地区，就是所谓联排式的 Town House。如果将紧凑型的居住作为方向的话，我想它不也是好的居住方式吗？也可以开发出家用便宜的小型电梯，配置了这些设备，即使有残障者和老年人也没问题，年轻一代住三、四层，年长者住一、二层。

实际上，虽是低层但属于紧凑型的高密度的城市实例，就是在第 3 章中涉及过的江户。充其量是一层或二层的住宅，密密麻麻地像一长栋房屋一样连接在一起的过去的江户城，虽然没有超高层，但却是非常高密度的城市。

江户每一公顷的人口密度在 850 人左右，虽说现在的东京是高密度，但即便是市区每一公顷的人口密度也只有 250 ~ 300人，虽然被高层化了，但与江户时代相比的话，人口密度也只在一半以下。

江户时代城区里所谓的"公园"等公共空间、公共设施很少，但有作为共有空间的街巷。两侧长屋没有缝隙地排列着。位于身边的街巷既是交流的场所，也是生活的场所。街巷里种植盆栽，培育牵牛花，作为共有空间使用。附近的寺庙、神社有院子这个共有空间。

由于江户的人们高密度的居住，所以可以认为是交流密度高的信息化社会。即便不去邻居家，但如果大声地说："喂，现在干什么呢？"也能够交流。

这种地域社区，现代人大概会认为有麻烦吧，即使在公寓里相邻而居，谁也不会到邻居家去借豆酱和酱油。但是，人类虽然在城市中享受着孤独，但一个人会感到不安，不能生活。存有既想拥有私人生活，也渴望有交流场所这样一个矛盾。最低的经济条件、舒适的居住环境和提供安全保障是在城市中居住的必要条件。东京即便对于外国人来说也可以称为是有兴趣的城市，是因为外国人工作的场所一点点地在增加，而且，至少比其他外国城市要安全。

过去有左邻右舍，近邻住着的相互之间都认识，在那里没有个人秘密，相互监视，什么地方有什么都知道，也可以说它保障了地域社区的安全。如果有异常的人进来，马上就知道不是住在这里的人，大家就警惕了。我认为在临时社区中也要建立这种居民的相互关系，在每一个小的范围里构成小城市的群落。

杭州的地下城市规划

高层高密度化并不是一味地向上叠加。我受中国杭州的委托，曾提出过地下城市的规划方案，遗憾的是获得第二名而无法实现。这是一个将基地向下挖 30 米，形成边长为 300 ～ 450 米的方形用地的方案，下挖的周边护墙部分的地上有道路，下面是二层的商业街，其下是停车场。因为护墙部分面对外部，所以阳光也能进入地下停车场。自然通风也没问题，从下挖 30 米的地下建高层塔楼，塔楼的屋顶与地面在同一个水平上。屋顶植树作为公园，它们全部以桥相连接。塔楼的上层是住宅，

有太阳光的地下城市。以和地面公园
相同的水平要求规划高层建筑的屋
顶。［杭州市地下城市规划（2001
年）的剖面草图（上）和模型特写
（下）］

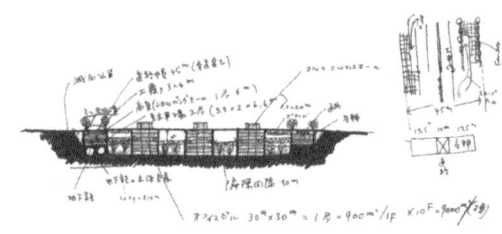

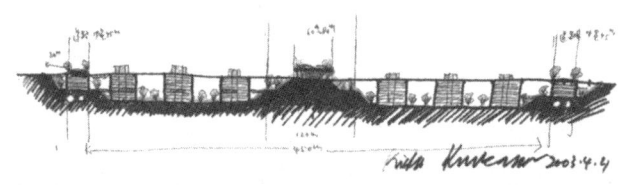

下层是办公，到处都有充足的阳光照射下来，从停车场到各个塔楼去有廊桥，可以从停车场直接到办公室去，而且停车场的下面还有地铁的车站。

这个方案，在地面上坐车或者步行均看不到建筑物，只能看到屋顶的公园。

既紧凑地有效利用了土地，又在地面上扩大了自然的景色。虽是一个满意的方案，但因为对地下水位的担心，很遗憾不能实现了。

在高密度、紧凑型的城市中，既有江户的低层方式，也有万诺斯那种超高层方式，应该也有杭州这样的地下城市设想。虽有各种各样的选择，其根本是有效、立体的使用土地，在城市的郊外留下宽阔的自然，这就是考虑到地球环境的世界战略。

紧缩政策与紧凑型城市

如何积极地思考伴随着少子化和人口流动的城市萎缩，以此为焦点来展开讨论。不过，如果任凭城市区域扩大，同时人口减少下去的话，城市人口的密度会更低，到处都只是空闲地和空房子，商业街、带顶的廊街上关张的店面就会增加。

在将城市紧凑化的时候，需要有用一些方法使新的居民迁入到这些空置的房屋中的战略。非常欢迎来自城市周边地带的迁入，同样，关上了闸板的店面，需要从城市里的其他地方吸引店铺过来。如果店铺不合适，家庭学校、集体宿舍也行；街区医生、保育院、幼儿园也行；补习班、集会场所、艺术家工作室、派出所也行。当然，作为儿童游戏场地的袖珍公园也行啊。总之，重要的是街巷两侧和商业街的连续性不要被空房子切断，在紧缩城市里，通过将空置房屋和关门闭店的店铺所在地植入新的功能，城市整体的城区将会变得紧凑。

这个手法也可以应用于地区规划层次上，在县域，过疏化已开始。产生低密度地区的场合，应尽可能将聚落紧凑的集中在一块儿再组织，维持高密度的聚落。在过疏的地区，高龄化在发展，七零八落地分散居住是危险的，下雪等情况下互助也都不可能。通过实施紧凑，也有可能在聚落和城市之外再度再生出绿地、水面和森林来。

城市已进入由大、中、小城市形成网络的网状城市时代。不管是大、中、小哪一种城市，作为自给自足的城市、独立生活圈的城市已经不存在了。地域之内的任何一个地方，业已被卷入全球的流动化这个无界限化的时代。紧凑型城市尽可能用高密度形成交通、信息的网络，在它们之间再生出丰富的自然，这就是人类想要继续生存下去的必须的处方。

现代主义城市规划的目标性城市是在广阔的空地和扩展的绿地范围上建设超高层建筑的"光明城市"。可以说 1956 年 CIAM 解体的时候，这个现代主义的城市规划就破灭了，从那时起，世界各国开始了对新城市的探索，但实际上由于以往的惯性，现代主义城市还是拖拖拉拉地继续建造出来。

在地方的小城市和大都市中保留下来的历史性地区和下城地区，还可能存续着地域社区。但如果没有达到能够互助的程度、紧凑的生活密度的话是没有希望的。继续保护绿化、公园和水体这些自然要素不多的下城地区的景观，沿滨水和运河建设高层公寓，在其脚下引入森林，创造自然丰富的共有空间是一个好的想法。对于紧凑城市没有定规，应当解读各种场所的历史与条件，创造出符合 21 世纪的紧凑城市来。

城市环境与"生态廊道"

1992 年，在巴西召开了地球环境峰会，签署了"生物多样性公约"。虽然美国还没有批准，但几乎所有国家都批准了这个公约。这个公约的直接目的是为了保护现在地球上残存的生物多样性，特别是要尽可能地保护"红色目录"指定的濒临灭绝的动物等。

现在在地球上发生的看不见的巨大变化是热带雨林、草原、湿地等面积的减少。因城市化导致生态系统断裂，生物种类剧减这些现实发生的问题的严重程度，人类到现在还不太能准确的理解。即便其他动物减少了，人类如果能生存也可以这种说法就是人类中心主义。是因为有人类是仅次于神而存在，存在于其他物种之上的想法。

但是，现在我们了解的事实是，如果多样的生物物种的存在消减下去，人类的存在也就危险了。好不容易签署的国际公约，如何反映在城市政策上呢？

为了不使物种的多样性减少，就有必要留下森林。巴西的亚马逊河流域和包括马来西亚在内的东南亚的热带雨林地区的保存也是重要的。成为决定性课题的是由于城市发展带来的山林生态系统、河流生态系统、湖泊生态系统、森林生态系统、海洋生态系统的割裂与孤立。作为生态系统的森林越大，越能够生息多样的物种，为了从细菌开始，昆虫、蝴蝶、鸟类以至于熊、虎、大象这样的大型动物的繁衍生息，需要相当大的森林和草原生态面积。

然而，如果在森林中修筑道路，森林就被断为两半，作为两个孤立的生态系统的规模缩小，生物物种也减少。为了防止这一点，在城市规划与城镇建设上，我建议要创造连接孤立的生态系统的"生态廊道"。

所谓生态廊道是什么？简单地说就是将孤立的生态系统用绿带和森林加以连接的设想。大面积的森林作为一个存在时可能会有一万种生物物种，可是若在其中间修筑道路，森林被断开的话，即使双方加起来，生物物种也会减少到五千吧，那时，在割裂成两片的森林之间架设为了生态系统的桥，就是生态廊道的尝试。这个"桥"是包括河流、山脉、农田等的绿地廊道，更是将城市内部的公园绿地、道路行道树、沿线的绿化、河流占地公园等构成网络，形成人工的生态廊道。这些被证明对物种的交流和生态循环系统都能起到作用。

尽可能以幅员广阔的森林长廊来连接的话就可以恢复作为一个独立的生态系统的规模。即使从被割裂的森林的树木到树木之间只架设细的钢丝，松鼠那样的小动物也能自由往来。

在我经手的"马来西亚生物谷"、"阿斯塔纳新首都"、"郑东新区"、"昆明新空港城市"、"焦作市"这些城市规划中，这个生态廊道思想都成为规划的重要一环。不仅为了人类生存，也为了通过作为未来产业的生物产业支撑21世纪的新的经济发展，必须保护作为生物产业基础的DNA宝库的热带雨林等生态系统与生态物种的多样化。

6 城市再生与新兴产业

21 世纪四个有前途的产业

21 世纪最有前途的产业之一是创意产业（文化产业），其次是 IT 产业，它的时代已经开始。第三个是生物产业，第四个是物流产业。不论哪一个，它们都具有在无界限化的国际社会中成立的特征。

IT 产业的世界，已经看得见了。例如互联网成为支撑 IT 产业的基础，光导纤维、地面数字信号、卫星通信这些基础设施的配备左右着将来的发展。在日本，包括低费用化的整备正在进行，可以说是世界顶级的水平。此后，IT 与生物的融合也将开始吧，这是生物电子学的开始。而且，物流产业的基础设施也与 IT 产业密切相关。

创意产业的兴起

英国首相布莱尔行政改革的中心课题，是提出向可发挥社会创造性能力的艺术文化政策转化，将广义的艺术文化产业称为创意产业（Creative Industry）。另外，在美国，总统咨询委员会于 1997 年 2 月就"创意·美国"进行了咨询答辩。

另外，理查德·佛罗里达的《创意阶层的兴起》（Richard Florida，"The Rise of the Creative Class"）、大卫·索罗斯比的《文化经济学入门》（中谷武雄、后藤和子译，日本经济新闻社，2001）（David Throsby，Economics and Culture）、约翰·霍

金斯的《创意经济》（John Howkins, The Creative Economy）等关于创意产业的出版物也很多，成为当今世界经济学最前沿的课题。

在美国，将电影产业、电视节目、书籍、游戏软件、音乐、DVD 等称为著作权产业（copyright industry），而且已经升至产业之首。但我认为其中也应包括教育、健康、体育、艺术、规划、设计等，都是创意产业。无论工程学科也好，医学学科也好，科学技术学科也好，追求创造性与革新性（innovation）的部门，都纳入这个创意产业之中。必须改变迄今为止的产业分类。

以往的经济学中将文化摒弃在经济的领域之外，在以经济的剩余支援艺术和文化活动的情况下，文化只是经济的业余爱好。

今天，经济与文化已不是对立的而应是共生的事物，更为积极的也可以说"没有文化就没有经济的发展"。

大卫·索罗斯比是澳大利亚马奎里大学的经济学教授，担任着国际文化经济学会会长一职。文化经济学已是当今最前沿的经济学，研究政府和地方自治体文化政策的方式方法的新的经济学潮流是文化经济学。文化经济学从价值的领域，用经济学的手段来分析经济发展中的文化作用。兼备经济的价值和文化的价值两方面的"文化资本"，成为经济可持续发展这一概念框架的关键。

另外，经济学者佐佐木雅幸在其所著的《向创意城市的挑战——走向产业和文化气息的街区》（岩波书店，2001 年）中，举了手艺人和大学之城的意大利博洛尼亚作为创意城市的例子，介绍了居民的自发性与创造性如何对城市景观保存起作用，实现"分权的福利社会"的。

今天，可以看到世界性的涌向城市的人口集中。在发展中国家是寻求吃和住，在新兴工业经济体是寻求投资和劳动力，在发达国家是寻求信息和交流及新的商业，城市化加快了。这些各种各样的城市化现在在同时并行发生着。

为培育作为新产业的创意产业的重要基础是什么？是历史遗产与文化资本的充实和高质量的生活环境。工业化社会的产业需要的基本建设是道路、给水、排水、燃气、通信、机场、铁路等，与此相比，创意性产业的基础是能够聚集国际性人才的世界级的餐馆和咖啡馆，是最前卫的流行，是酒吧和俱乐部，是歌剧院和剧场；是日后可能成为文化遗产的前卫建筑鳞次栉比，感觉良好的伙伴、世界级的首脑、闪耀着智慧、举手投足之间充满着深厚教养的人们任何时候都能见面的世界性城市；是例如充满自信的手工艺人，固守千百年传统的传统技能的接班人，活跃于世界的艺术家、音乐家、建筑师，还有勤奋努力、钻研革新的研究者，城市工厂的发明家们，以及无所谓学历、头衔，挑战世界的创造者们等这些创造阶层的人们。他们是不受年龄束缚，终其职业生涯一生，志向高远的人。

取代以收入和资产这种金钱上的计算来划分上流、中流，创造出培育新出现的创意阶层的城市生活模式是创意产业的基础。在世界历史上留下的，不是你这个国家是世界第二位的经济大国，而只能是保留下来什么样的文化资产。

我见过白宫的学者，他耸着肩膀说："如果美国在向这种创意经济上的改革能够成功的话，美国的繁荣大概还可以持续到 2050 年。事实上日本不仅是传统，现代建筑和动漫等现代文化的水平也很高，日本如果能注意到这一点的话将是一个很难对付的对手。日本从官方到民间仍奉行追求经济效益的市场原理、经济至上主义是难以生存的，"

走向创意城市

理查德·佛罗里达在其著作《创意阶层的兴起》中业已论述了占美国全体就业者30%的创意阶层成为经济的牵引力,刺激创造性的城市建设是城市再生的决定性手段。还有,文化经济学方面的世界权威人物大卫·索罗斯比在其著作《文化经济学入门》里论述了文化与经济已经不是相对立的东西。为了经济的持续发展,必须要重视将经济的价值和文化的价值合在一起的"文化资本",即便在城市新产业的打造上,在社会资本之上创造"文化资本"也是关键。

另外,约翰·霍金斯在《创意经济》中说,美国最大的产业已经不是军需产业、飞机制造业、汽车产业,而是电影、舞台艺术、电视节目、书籍、音乐、游戏软件这些"著作权产业"。并且,接下去的是饮食文化、健康、体育、教育、规划、设计、艺术这些领域。

查尔斯·兰德里在所著的《创意的城市》(后藤和子监译,日本评论社,2003年)中提倡以艺术文化的力量使衰退的城市再生。创意产业已经成为城市再生的主角。

与将建筑称之为"方盒子"的时代大不同了,现在世界上的城市都聘请世界的建筑师为城市的再生做工作。没什么名气的西班牙的地方城市毕尔巴鄂聘请美国的建筑师弗兰克·盖里设计建造了古根海姆博物馆,一年之中游客就增加了100万人。

如果是作为国家、城市大门的航空港设计,就会举国家之力,邀请世界人才。伦敦机场是理查德·罗杰斯和诺曼·福斯特,西班牙的马德里是圣地亚哥·卡拉特拉瓦,香港机场和北京机场是诺曼·福斯特,上海机场是保罗·安德鲁,法兰克福机场的新航站楼是赫尔穆特·杨。我也设计过吉隆坡的新国际机场。

在法国南部的蒙彼利埃，也是时装品牌产业卡夏尔所有人的市长聘请四位建筑师做城市更新，美术馆是诺曼·福斯特，公营实验住宅是让·努维尔，体育场是维多利亚·古雷戈地，我负责副中心的一期工作。

世界博览会曾是活用历史文化遗产的建筑师的表演场，埃菲尔铁塔自不必说，蒙特利尔世博会上摩西卡·萨伏迪的人居（实验集合住宅）已经成为世界遗产的候补。大阪世博会留下了冈本太郎的"太阳之塔"。

创意城市是有更多的可以保留至后世的作为文化遗产的建筑存在的城市；是历史遗产经常作为拥有新功能的文化财产而再生，被市民利用的城市；是不仅单体建筑物，街道本身同样作为城市景观的有魅力的城市；是公共艺术放置于街角和公园，激发市民创造性的城市。最重要的是市民能和专家交流，活跃于国际上的艺术家、音乐家、建筑师、厨师、手工艺人们愿意来访问的城市。

今天，世界迎来了从旧产业向新产业转移的时期，其中，虽然 IT 业的风险产业登上了舞台，但它的中枢是软件，是信息内容。创造性本身产生信息的附加值，这样的创意产业需要能促进有才华的人才和人才的交流以及理性和感性的环境。

横滨市的美术展览会，以及我担任制作人的奈良建筑艺术展览会等是通过艺术和建筑，使城镇向创意城市再生的计划。

在奈良的建筑艺术展览会上，理查德·罗杰斯、詹姆斯·斯特林、查尔斯·詹克斯、让·努维尔、克里斯琴·德·包赞巴克、肯尼思·杨作为主要人物出席、出展，日本国内也有矶崎新、安藤忠雄等参加，车站前的集会大厅是通过这次展览会的活动项目之一——国际竞赛而实施的。

在金泽，以金泽经济同友会为中心，从 2001 年起组成了"金泽创意城市会议"，向城市提出具体建议。福冈市也组建了"由文化艺术形成城市创意未来影像"的组织。这成为紧缩政策的一个处方。这些社会运动由于聘用了艺术家和建筑师，创造出市民自己参加创意城市街区建设的机会，这是一个新的视点。

21 世纪型的产业是城市型

IT 产业是正因为有了互联网才发展的，在互联网中具有无界限化、双向对话的特征，如果不能与海外联系，那 IT 产业就不可能发展了吧。而且，这个信息的发出和到达点是城市，信息内容的制作也是城市，城市是信息时代的工厂。

物流系统也是同样，城市之间的物流是个很大的市场，业已跨越国境发展为遍布世界城市的物流产业。DHL 公司拥有自己的飞机，在飞机场有专用的航站楼，转眼之间就把货物送到了世界各地。无界限化的国际企业已进入了日本，日本的大和运输和邮政公社也国际化了，只发展国际性配送货物的业务。

日本邮船公司以 M&A 买进航空货物专业公司，宣布进入中国市场。现在，日本贸易的一半是对亚洲，因为今后日本与中国之间的物流量会越来越增加，为了应对这种情况，轮船公司要考虑与其他物流手段如飞机、卡车、铁路的结合。这样的运作虽在亚洲各国中是先行的，但在日本有没有迅速地开展起来呢？

日本开始了物流革命，例如，佐川急便在全国建立了 50 家从商品的保管到物流、加工、发货、接受订货、申请资料管理的流通中心，为顾客提供深度服务。并且进行从货运卡车向铁路和轮船的点对点运送（运送手段的转变），目标是环境负荷小、有效率的"洁净物流"。

生物产业与土地和自然相关联。例如在热带雨林中，存在着一个具有特殊 DNA 的物种，就像发现盘尼西林一样，也许就可以发现新药。DNA 的多样性是地球范围内的，生物产业不得不成为国际性企业，其核心是研究。在这个意义上它是城市型产业，特别是和大学结合的城市型产业。我在德国设计过拜耳公司的植物防疫中心，实际上是巨额的研究投资。

第二产业也从过去那种进口铁矿石炼铁，进口重油加以精炼的水平提高了，变成与消费者接近的城市型产业。因为制造工业的利益增幅变小了，研究、开发、广告销售、设计、服务的利益变得重要了，也就成为有人才、有研究者、有设计，接近消费者的城市型产业。

例如关于汽车，在 T 型福特车的时代，采取的方式是制造了一辆样车之后，通过大量生产同样的车使之便宜，席卷整个市场。但是现在不一样了，丰田也好，在任何地方也好，工厂里同一条生产线上有不同风格的汽车一辆接一辆的出来，即便是同一种车型，也有规格的不同，色彩的不同。有带篷的，也有敞篷的。用阿尔宾·托夫勒的话说，已成为"表演者"的时代。生产与消费结合，消费者的要求直接反映在生产线上，消费与生产进入了多样化时代。

工厂回归城市

未来的工厂将会立体化，也许连汽车和家电这样的工厂也会进入城市的超高层建筑里。在考虑将工厂分散的时代的政策背景中，工厂是产生公害、产生烟尘和噪声的东西，因为其存在于城市中是不合适的，才有了将其赶往郊区的想法。以前那个时代的工业化社会面临寿终正寝，已经不是"工厂等于公害"了。现在，信息附加值高的制造业都在城市之中。

例如，在 IT 业中软件能产生巨大的附加值，但软件的制作在超高层办公楼的一部分之内就足以进行工作，新的产业再次回到了城市的中心地带。如果在六本木新城建设办公楼，在那里 M&A 也好，互联网业也好都可以开展，这是信息化社会的城市型产业的特征。

今天在东京的中心地区运转的产业是证券市场、IT 业、金融业以及创意产业。例如电影、卡通、音乐、设计、建筑设计、出版、电视、报纸、互联网站等创意产业所处理的信息内容的资源就是人（人才）本身。

在以前的工业化社会里，工厂集中在有港口的地区，是因为有从各地运进生产原料的问题。比如说炼铁，因为铁矿石是从海外用货船运来，炼铁厂设在面对东京湾的地方就是当然的了。或者，石油是用油轮运输的，所以火力发电厂和石油精炼厂位于东京湾岸边也是必然的。

但是，城市新产业的资源不是铁矿石和石油，而是人才。因此，在世界性人才这种资源集中的城市中诞生新的创意产业。不仅东京，即使在地方，人才集中的城市充满活力也就是这个原因。

现在在东京，在曾经是炼铁业或者火力发电厂地点的滨水地段上出现了开始建设超高层公寓这样的变化。人们能在中心区并且是滨水区居住的时代终于到来了。

首先是富裕人群的移动开始，在并不那么遥远的时期里，包括一般民众在内的人口以及人才也有可能向市中心回归，信息化时代再次成为城市的时代。

生物产业的资源

关于生物产业的发展，首先必须考虑其基础的打造。生物产业的资源是生命物种，是 DNA。例如中药等，培植草药，从中通过经验提取出有效成分，用动物实验和临床实验检验其效果，或者研究癌症患者的 DNA，通过更换遗传因子攻击癌细胞，或者做成能提高免疫力的药物。近来成为话题的使用 ES 细胞（胚胎干细胞）的人造皮肤和脏器器官的再生治疗也让各国大学研究室之间的研究竞争激烈。

有丰富的自然、存在多样物种的国家，可以说其自身已经具有生物产业的资源。这里所说的生物产业中并不只是制药这一狭义的意思，也包括农业、林业、渔业。例如在马来西亚等地，林业和棕榈油、天然橡胶的生产虽然在现在也是主要的资源，但它们产生了大量的废弃物。还有农业也产生废弃物，畜牧业也产生动物的粪便。若把它们作为资源，制造出沼气等能源就是生物化。现在在北欧和蒙古，也已经开始利用生物燃料，也有了使用生物燃气驱动的公共汽车。

使用生物技术的新型农业也已经开始了，也开始有了"农业股份公司"。前苏联时代的集体农庄和国营农场这种形式，是使用大型机械的大规模农业。虽然这种生产方式随着苏联一起解体了，但可以考虑再度组织个人的租地农业，作为国际企业实行集团农业这种新的商业模式。假如这样考虑的话，以技术精细而自豪的日本农业就有了登上舞台的可能。

这是把农业用地看作是工厂，在此之前，是在自己承担费用的国内工厂（土地）生产大米和蔬菜。将其转移到土地和劳动力价格便宜的泰国后，由日本农业专家指导，改良品种，使用 IT 技术，进行精细的日本型农业生产。整个管理由日本公司来做，土地和劳动力由当地供给，在那里生产的大米由公司出口到世界各国，这样一来，将泰国的水稻运到日本，价格却只有 1/5。这正是日本农业的国际化发展。

渔业也向同样的方向发展。在"工厂"生产的高级的虎头河豚，其价格只是我们在日本买到的天然产品价值的 1/5。它们使用挪威的技术，由外国企业在日本建设大型人工饲养场，在那里生产了大量的虎头河豚。同时，也能生产鲍鱼、金枪鱼这样的产品。它们是在完全无菌状态的"工厂"中生产的。水槽里的海水有着与海流相同的流速。由于这个缘故，我们全年都能吃到河豚。其工厂也许可以就在靠近消费者的东京滨水区内。生物产业、农业、渔业、林业在走国际化道路，成为在研究开发、技术开发、品种改良、DNA 重组以及管理中均需要有创造性人才的城市型产业。

在 1992 年巴西召开的地球环境高峰会议上，签署了保护生物多样性公约，限制物种的 DNA 跨越国境移动。当今地球上存在最多样物种的地区只限于巴西的热带雨林和包括马来西亚在内的东南亚的热带雨林。但是因为有生物多样性公约，美国和日本的研究人员即使想把研究材料拿到自己的研究所都是不可能的。于是，或将日本的国立研究所建在马来西亚的吉隆坡和巴西的里约热内卢，或将制药公司的研究所邻近新加坡大学，像这样在有研究资源的海外城市和大学里建设为好。

例如，生产预防癌症的药物的情况，如果调查 DNA，就有因人种不同会有微妙的耐菌性和耐病毒性差异的说法。例如关于传染病 SARS（重度急性呼吸系统疾病），也有中国的民族和其他民族相比容易得病的说法。当然，白种人也能得，日本人也能得，相同的病毒也许对特定民族的特定的 DNA 有易于感的情况。于是例如即便是开发疫苗，也不是全人类都通用的疫苗。像中国这个拥有 56 个民族的国家，只是这一点在研究和临床试验方面就是有利的。如果这样来想，针对于不同的 DNA 的疫苗研究也许在中国的上海和北京条件要好。

物流产业——亚洲是主战场

我推举的 21 世纪第四个有前途的产业是"物流产业"。物流产业从广义上来思考的话，是与航空、海运、货运、铁路、仓储、GPS 等的卫星通信、IT 全部有关联的巨大产业。

例如，仓储业作为其中之一有了飞跃的发展。

以马来西亚为首的东南亚国家有栽培花卉的产业，兰花栽培是很有名的。中国的昆明也是因花卉而著名的城市。从东南亚各国进口到日本的花卉年年都在增加。

以前在马来西亚，是农家养花在当地出售这样一种商业方式。但如果市场国际化了，在飞机场等待装运飞机这段时间，从全国积聚起来的特殊货柜以及临时的保管仓库是必要的，比如干燥的仓库使长时间保存蔬菜和花卉的新鲜成为可能。

不只是花卉，重量轻但价格高的松茸等高级蔬菜，因为保存方法进步了，空运也就可能了，从生产、保存货箱、批发到零售的物流可以做到无缝的快速运输。

过去，在还没有高速公路的时候，我自己开车行走于国道 1 号线到名古屋、大阪出差，非常遭罪的是跟在运送鱼的货车后面的时候。当时是在木箱里装满冰块，再将鱼倒入其中来运输，被冰融化后流出的水花冲到的车，一个月过去那些鱼的味道也去不掉。随着技术的发展，现在以那种方式运输的卡车一辆也没有了。为保持鱼的存活状态用氧气包运输，以假死状态运输等各种技术被开发出来。于是现在，我们在九州捕的鱼，第二天就能摆到东京的餐桌上食用了。

多样化、复合化的物流

无界限化的时代，人流、物流、金钱流、信息流的国际循环与流动相互影响，其进步的速度加快了。

信息化绝不会代替人的流动，虽说用互联网和移动电话可以通话，但人和人直接见面的机会并没有减少。当然，信息的发展增加了人、物、钱的流动以及促进了城市化。而且，城市化不仅仅使得生产的物流，也使得生活的物流、业务的物流增加了。

假如做一个统计，以东京总体的交通量作为100的话，其中40~50不是为人而是为运送货物形成的交通。例如，从筑地市场向零售店和大商店运送大量的鱼，或者从地方港口载有新鲜鱼的卡车彻夜向筑地驶入。最近在城市中到处都是戴着犹如赛车帽跑来跑去的所谓自行车便和摩托车便。还有比如冷藏运输等，家庭食用的鱼卸下后直接原样冷藏，以零售店作为产地直接送到每家每户之中。如果通过互联网购买，几天后所购买的东西就可以直接送到家里。这种物流在越来越增加，这展示出生活一丰富，每个人物流的量和种类以非常迅猛之势在扩大与复杂化。

物流越是复合化、多样化，就越需要在管理上利用GPS的计算机控制。制造商希望减少零件在仓库保管的成本，在必须生产的时候采用定时送达的系统。

在NHK的纪录片节目中，介绍过一个中年男司机，一天三个小时，最长也只有四个小时的睡眠时间。货车里装了GPS（使用人工卫星的定位系统）后，为使其不能违反速度而实施控制，现在不管在哪个区域以什么速度行驶，完全都在总部的监控之下。

例如，如果有 4 时 35 分送到筑地市场这样要求的话，会被要求在几分钟误差内将东西送到。其一天的行程在电视实录中作介绍，对于司机来说大概会吓没了魂吧。一遇到红灯，司机就说"从睡梦中起来"，虽有些夸张，但如果红灯有 1 分钟，是足可以打 30 秒瞌睡的。

我们也有委托职业运输业者配送货物的时候，可能会问那个运输公司"现在东西在哪儿？能按预期到达吗？"，"按预定现在应该进港了，怎么样？"，于是运输公司立即使用计算机和GPS，回答"没问题，按预定线路走"等，一般的使用者和企业也要求这样的服务。

为了减少东京这样的大城市地面上的物流，我提出了能不能建设 50 米以下大深度的地下物流管道的建议。因为 50 米以下大深度排除在地上土地所有权的法律内容范围之外，便于公共利用。而且，因为日本有世界上有数的盾构技术，可以不妨碍地上交通进行工程施工。

利用这种大深度来作为道路和地铁，也会有火灾时的安全性、排放二氧化碳对策的必要性以及紧急情况下避难等问题。但是，通过传送带和真空输送方式的物流容器专用管道是最恰当的系统。这是在一个研究会上研究东京改造时，与早稻田大学的尾岛俊男（原文如此，疑为尾岛俊雄之误——译者注）教授一起提出的建议案。

地上交通量的增加给大城市解决交通堵塞带来了困难。在东京，扩宽道路，建设环形路网已经过了半个世纪，但现在实现的还是不完全。特别是都心内现有道路的加宽需要花费天文学的成本，而且，一部分的扩宽很有可能会带来其他部分的阻塞这种恶性的循环。这其中，我所提出的物流管道的设想可以减少约一半的交通量，是最经济的解决交通阻塞的对策。

物流的网络

在交通体系不发达的过去，是以马、牛或者人力来运输货物的。江户时代，从京都到江户运送货物的方法是通过船舶的海运，以及飞脚行（江户时代以邮递信件、转运货物为业的行当——译者注）。

现在在陆路物流上最有贡献的是高速公路，有了高速公路和卡车运输的手段，形成了国内物流网络的干线。还有铁路货运、航空货运，海运现在已集装箱化了。必须首先综合地整合这些货运的基础设施，物流机场、集装箱港、物流高速公路、货运铁路这些物流基础设施在日本均处在发展过程中。

关于国内的物流业，需要有向不同运输手段转换的系统。例如，从清水港用大型卡车运鱼，在筑地市场卸下，通过竞价由批发店买下。批发店从筑地市场用自己的小型卡车运回，从这个批发店到小的零售店用的是轻型客货两用车和摩托车。即便城区中的物流，就发生了这么多的转换。

最近在国内，长距离运输的手段除了有铁路和船只，航空货运也在增加。重量轻、单价高的货物走航空，其他则是航运。但假如是蔬菜、鱼等高消费的东西，也采用航空运输。在高级餐馆吃的食物和必须保持新鲜的食物，也有走航空货运的可能。

与 IT 有关的材料及零件等轻薄短小的商品，使用 DHL 等小宗航空货运的在持续快速的增加。日本通运充分利用飞机，已经可以做到在全国范围内次日到达，而且还实行了发送送货完了的信息服务业务。这些充分利用航空、陆地、信息的无缝隙服务，开始了与现金挂号邮件、书信等至今的邮政公司的挂号、快递、投递记录相对抗的服务。

另外，日本通运、商船三井、全日空、邮政公社虽有联合设立新的航空货运公司的动向，但发往亚洲、北美、欧洲等地区的快件零星货物还是成为美国 FedEx 和 DHL 的独家业务。更新的无缝隙的货运网络建设现在才刚刚起步。

日本的电视制造商或汽车制造商在建造工厂的时候，有考虑劳动力和考虑消费者两方面的情况。曾经日本的工厂在中国和泰国不断设厂的时候，是出于劳动力便宜的理由，还有即使当地没有消费再从那里出口的考虑，因为即便在日本生产，国内能消费的量有限，而如果在泰国和中国生产的话，只依靠劳动力便宜这一点，利益也会上升，也可以反过来向日本出口。

如何将这些物流的基础设施与世界形势相结合，构筑最合适的网络？没有这种系统设计的国家和城市，在国际物流的竞争上将会失败。按照现在的状况，经由新加坡、深圳、釜山、香港的新的大型物流中枢较为快速，经由日本的物流在减少。

遗憾的是，现在在日本，没有将铁路、高速公路、飞机场、集装箱港作必要的调整而形成换运的无缝隙物流系统，也没有国际物流中枢。只要没有修建连接卡车货运终点站与集装箱港、铁路货运车站、航空货物终点站的高速公路和铁路，日本的物流产业在国际竞争中就不能取胜。在日本的城市规划和国土规划中，没有面向未来的世界战略。只是讨论冻结高速公路的建设，看不到构筑无缝隙国际物流网络的战略。

综合物流终端

为了创造港口与铁路、高速公路、机场的无缝隙网络，在它们换运的场所需要建设综合仓库设施、物流加工设施、数据管理系统、海关、住宿设施、展示设施等为换乘、倒运服务的综合的"物流终端"。

例如，集装箱货船运输的集装箱，以 20 英尺或者 30 英尺来决定大小，混载的货物也要以一个集装箱来搬运。但是，因为货物最终要送到消费者那里，必须在某地，将装在里面的东西分类倒运。在集装箱中枢港里，将以集装箱卸到港口上的货物，按其再送到什么地方来进行分类、临时保管，经过保税仓库、海关，有些货物在经过物流加工、订货的信息管理后，被装上各种各样的卡车或运上铁路。铁路上有铁路使用的集装箱尺寸，根据物品的种类、目的地必须做适当的更换。

这样的综合物流中心在港口建设的时候，就应该把铁路、高速公路也引入到港口来。在国际物流中枢港建设综合物流中心，应规划通往那里的铁路和高速公路，这种规划已经在中国的昆明和广州、马来西亚的柔佛、新加坡等地开始实现。

面向铁路的现代转型

如前所述，世界上从卡车向铁路的货物运输的转型已经开始了。在日本，过去一说物流就是以国铁货运为中心，但随着高速公路的修建，过渡到了卡车运输。现状的情况是铁路货运的运输比率占整体的4%不到，这其中有铁路慢，服务不好等原因。铁路货运在个人运送零星物品时，首先必须拿到货运站来，送货也成了必须自己到货运站来取。相对于这一点来说，卡车运输的情况是门到门的方式，可以直接送达。

但是，如果比较将1吨货物运送1公里时所排放的二氧化碳量，铁路为100时，船舶的指标为160～200，卡车为600～800。假如考虑地球环境的问题，可以说铁路对于地球环境的影响是轻的。因此，应该再次重新认识铁路。但为此必须建立完整的铁路货运的转换系统。集中货物到铁路货运站的系统建设就成为一个课题。

对于这一点，日本的JR货物，在离开货运车站的市内修建了为集中货物的物流中心（线外站）。这是一个只要住宅送货的工作人员将货物送到线外站，之后的运输就可全部委托的系统。

最近在丰田工厂，在向东京和大阪发零部件和整车货物时，建立了由丰田专用集装箱形成的铁路运输系统，尝试着向铁路的转型。

面向铁路的转型兴起，并不只是因为铁路是对环境影响小的绿色物流。卡车事故多，还有物主送货物时指定货物到达时间的情况也多。当然，能够预测道路的阻塞，但是在规定的时间内若送不到会有惩罚的规定给司机的薪金带来影响，发货人、取货人也都有受到致命损失的可能性，为此而超速的也多了。加上像东京一样有开始严格规定发动机尾气排放的地方，通过卡车进行物流将会受到限制。

包含地球环境问题，在慢性的交通阻塞中，对卡车运输是有限制的。铁路没有阻塞，可以在准确的时间里送到，而且长距离运输大容量的有重量的货物成本比卡车要低。在向铁路运输转型兴起的背景中，这是一个理由。

JR 货物在铁路集装箱上做着各种各样的技术开发。开发使用了用大型卡车运来的货物能够原样转运的 31 英尺的大型集装箱、将轻量集装箱（20 英尺、30 英尺、40 英尺）直接用自动升降机装至货车的互换车身、能够叠起两个 24 吨油罐集装箱的荷重 48 吨的货车、取代油罐车的 30 英尺特殊集装箱、液化氯专用罐车、高度 9 英尺 6 英寸的大型的 40 英尺集装箱、搬家等日常货物运输使用的小型 5 吨集装箱、12 英尺通风集装箱、生鲜食品用冷藏集装箱、运送砂石用的集装箱、20 英尺散装集装箱、20 英尺无盖集装箱、运送摩托车用集装箱、双层叠放汽车 20 英尺集装箱等所有种类货物对应的集装箱和货车。

还有，使用能够快速化、省力进行倒运作业的货盘化输送机也在发展，啤酒等以简单包装的就可以进行货物运输。

轨道、车轴、信号、运行计划大幅度地改善，集装箱列车时速 100 公里以上，罐车时速 95 公里以上，推进了高速化。从 2004 年开始，时速 130 公里的世界第一个动力分散式"超级铁路船"开始运行，将来时速 550 公里的磁悬浮物流新干线时代也会到来。货物运输的高速化，对废气排放带来的环境污染，高速公路的交通量缓解，更重要的是对城市内卡车交通量的减少都将有巨大的贡献。

面向铁路的转型在构筑综合的无缝隙物流网络上已成为紧迫的话题。

新加坡的物流立国

柔佛位于马来西亚南端与新加坡接壤的地方，新加坡与马来西亚之间的柔佛海峡是重要的航道，但有袭击通过于此的船只的海盗出没，日本船只被海盗捕掳还记忆犹新。相反，在新加坡一侧，有樟宜国际机场和世界最大规模集装箱吞吐量的集装箱港。

新加坡的高工资虽和发达国家水平相当，但还是通过将国际大规模中枢港和大型机场的组合，建设了国际物流的中枢。

新加坡 1965 年脱离马来西亚联邦独立建国，是因反抗马来西亚联邦的马来族优待政策，华裔民族发起暴动而获得独立的。因此，新加坡大部分公民是华人，成为亚洲屈指可数的商务中心。

新加坡的国土和人口规模都很小，通过在巨大的机场和巨大的物流港上先行投资，采取定位于创造世界需要的战略，与由地域的需要来决定机场和港口规模的日本不大相同，缔造了整个亚洲的国际中枢机场。首先，让人飞到新加坡来，从那里去印度尼西亚、马来西亚、泰国的话，换乘小型飞机一下子就到了。而且建设了很多巨型机可以同时进、出港的巨大机场，机场本身就成为商业机会。

新加坡作为商务中心，今后会逐渐成长。新加坡在东南亚国家中是仅次于日本很早就实现了现代化的，其契机就是在樟宜有这样一个国际中枢机场。

迄今为止日本的运输省（国土交通省）所推进的政策，始终是在日本国内整合枢纽机场。不管怎样，如果来到羽田，从羽田去秋田、从羽田去札幌、从羽田去高知，从羽田去鹿儿岛，在可以去任何地方这个意义上是可以把羽田当作中枢的。这次建成的中部国际机场也是中枢机场，但它也是从国际航线到国内航线，也就是到国内各地去的国内版枢纽。可以明白，日本作为政策的基本，所思考的常常是国内市场而不是世界战略。

21 世纪的"新丝绸之路"

我在马来西亚设计了吉隆坡新机场，最后建成的是拥有五条长 4000 米跑道的亚洲最大的机场。但是，假如从地区的需要来预测的话，在 2000 万人口的马来西亚，充其量有两条跑道就足够了。在新机场与吉隆坡之间的 50 公里范围内，完成了首都的功能转移（布特拉加亚）和硅谷（塞班加亚），规划了生物谷。这是通过大型机场开拓尖端产业需要的 21 世纪型的世界战略。

原本马来西亚有另一个柔佛机场，虽由国家经营，但民间买过来进行了改建成物流中心机场的计划。目前的旅客数量在柔佛几乎没有增加，看看游客行程的话，都是在新加坡的樟宜机场降落，从那里开始观光。与此相对的物流，就不仅仅是新加坡港了，马来西亚一侧的柔佛新集装箱港作为枢纽港在迅速

在吉隆坡以南 50 公里处规划新国
际机场，机场与吉隆坡之间规划了
首都功能、硅谷、生物谷，形成多
媒体超级走廊。［吉隆坡新国际机
场（上，1998 年）和多媒体超级
走廊概念图（下）］

摄影　大桥富雄

发展。与新加坡相比，劳动成本也便宜，许多货主转到了柔佛这边来。马来西亚的战略是在这个集装箱港通过直接的铁路和高速公路构筑无缝隙的物流系统，与柔佛机场结合实现物流空港化。更进一步，建设柔佛海峡隧道，使新加坡的樟宜机场和集装箱港也与马来西亚的柔佛机场相连接，这是建设亚洲最大的物流城市的构想。

那么，这也是一个从新加坡通过马来西亚，还有泰国、越南到达中国昆明，构建物流新干线的大设想，其中作为一部分完成的是从马来西亚的吉隆坡到新机场之间运行的高速铁路。有将其再向北延伸至中国的昆明，向南延伸至新加坡的构想，在马哈蒂尔前首相主政时，马来西亚的财界也给予了其支持。

我担任中国昆明市人民政府的顾问，所以支持昆明和柔佛的合作。樟宜机场、柔佛机场、昆明机场如果各自完成作为物流机场建设的话，将可以成为亚洲最大的航空货物的物流通道，可以说这正是新的丝绸之路。

这样一来，假如物流的通道延伸到昆明，可以进一步向前延伸，这就是通过中亚与欧洲相连接的通道。原来，丝绸之路是从西欧向中国，然后渡海到达日本这个终点的。新的丝绸之路则是从新加坡开始，通过马来西亚、柬埔寨、越南、印度、中国，从中亚通往欧洲。

原本丝绸之路是从欧洲经中亚连接东洋的贸易线。哈萨克斯坦境内有石油、钛、煤、天然气等地下资源，而且，哈萨克斯坦北邻俄罗斯，东接中国，西边经土耳其联系欧洲，南邻印度。也有建设从新首都阿斯塔纳向东到中国的大连，向西通过土耳其连接欧洲的物流铁路的设想。在这个意义上，打造东南亚和中亚的物流网络的可能性是很大的。

7 哈萨克斯坦新首都规划

国际设计竞赛

建筑师所做的事情与各个国家的土地、场所、环境以及文化有直接密切的关系。在地面上做基础立柱子，因为要在地面上建些什么，所以与农业和林业也许是相近的。必须在其用地的地形和气候、风土上给予特别的考虑。不仅仅只是风土，建筑师的工作场合存在于历史、文化、政治、宗教混合在一起的复杂条件中。在他们完成的建筑里居住的人们几乎都是原本就在这个国家居住的人。

建筑师所追求的能力可以说是一种创造力，是创造迄今为止尚未存在的事物的能力。如果是寻求宗教建筑等与那个国家的传统有密切关系的能力的话，那外国建筑师怎么也不可能被接受。但是，在寻求新的可能性和创造力的情况下，即便是外国人被采纳了也不会有什么差别。假如要以谁更有创造力来决定胜负的话，那设计者是本国人还是外国人是没有区别的。

打算委托谁来从事建筑和社区营造的工作时，有什么选择建筑师的方法吗？一个方法是了解他的实际业绩后直接委托的"特别任命"。恰如我们生病时会想到有没有对付这个病的名医呀，通过各种了解去拜访那位医生的医院。或者，也许和选律师时，以及有出版计划后出版社寻找作家时是相同的；也许和音乐会导演考虑委托谁来担任指挥时也是一样的。

另一个方法就是"竞赛"。在建筑师的世界里也有谁都可以参加的公开竞赛，但是在有充分业绩的建筑师中，有很多是指名竞赛。在音乐界或者文学界也有竞赛，芥川奖或者柴可夫斯基音乐会也是竞赛。但是在文学和音乐界里，如果获得一次奖和优胜就能够成名自立的很多，一生连续参赛的人几乎没有。可是在建筑界里，国际上重要的方案的确多为国际竞赛，必须接受审查。各个国家不同年代的佼佼者在被邀请之中，直接出席汇报，有时要被与弟子相仿的年轻一代评委审查。好像小泽征尔就曾被邀请指挥家竞赛，被年轻的评委审查过。

位于中亚的哈萨克斯坦的新首都规划是我亲自做的、在国际竞赛中获得优胜的规划设计。1998 年 4 月，通过 e-mail 从世界各国指名邀请 50 个团队参加国际竞赛，最终有 27 个团队参加了竞赛。同年 8 月 20 日，各个参赛组提交方案截止，10 月 6 日知道了我的团队获得了一等奖。二等奖是德国与东道主的合作方案，三等奖是俄罗斯的设计团队。10 月末的发奖仪式在哈萨克斯坦的原首都阿拉木图的总统官邸举行，与总统会谈，并在这个仪式上正式接受总体规划的委托。这个结果在海外的俄罗斯、美国以及德国有大量的报道，这也显示了对中亚未来所抱有的展望和关心程度的高低。日本的媒体与以往一样对此漠不关心。

何谓迁都

哈萨克斯坦这个国家为什么现在要"迁都"？在日本也讨论过迁都，在韩国也有同样的讨论。进入 20 世纪之后，坦桑尼亚从达累斯萨拉姆迁都到多多马（1996 年），马来西亚从吉隆坡将首都功能迁移到太子城（2000 年完成），德国再次将首都从波恩移至柏林（2001 年完成）。如果稍微回顾一下，巴西从里约热内卢迁都至巴西利亚（1960 年），再向前追溯，澳大利亚从墨尔本迁都到堪培拉（1927 年）。

迁都这件事并不是那么屡屡出现的，而且围绕它而来的设计机会也几乎没有。偶然的是我在坦桑尼亚国会大厦的国际公开竞赛上获得优胜，以此为契机建立了和坦桑尼亚的关系。国会大厦建设在首都是当然的事，政府决定从达累斯萨拉姆迁都到乞力马扎罗山脚下的多多马是在确定下我的方案之后。

坦桑尼亚迁都的目标是发展农业，在坦桑尼亚，有一种被称为"乌加马"的农业合作体，因为坦桑尼亚是社会主义国家，从前苏联的国营农场和集体农庄中受到启发，将农业合作组织的公社编成"乌加马"。为了进一步推进这个社会主义的农业革命就是首都迁移的原因。达累斯萨拉姆是英国殖民地时代建造的首都，通过将其向位于乞力马扎罗山脚下的农业地区多多马迁移，可以摆脱殖民地时代，更是要将迁都作为促进新的社会主义革命的引爆剂的战略。

那么，巴西的迁都是为了什么呢？在巴西的内陆地区有丰富的自然资源、矿藏和热带雨林。因此，作为开发内陆的据点，将首都从沿海的里约热内卢迁到内陆的巴西利亚。

另一个理由是通过公共事业的运作来改善经济的不景气。当时处于社会主义政权下的巴西，需要提出失业者政策。我认为这是将迁都作为经济发展的一个引爆剂，同时能提高国民士气的战略。里约这个城市是有钱人居住的旅游城市，海岸线优美，城市的景观也很美。遗憾的是它位于盆地，山多没有多少平地，未来的发展性受到制约。

在以里约狂欢节为主题的一个令人印象深刻的电影的开头场面中，映现出朝阳中的街道，徐徐升起的太阳最先照亮的是从山谷中间向上分布的贫穷的低收入者的聚落，然后，向市中心和海岸一侧看下去，可以见到还沉浸在雾霭之中的里约热内卢。从那里可以看见客机离开陆地，这个场面印象极其深刻。在里约热内卢的市中心和海岸线上住的是有钱人，新流入的贫民阶层的人们不得已只能住在没有水、电的山间。这个电影的开始似乎就是在暗示里约这个城市结构的矛盾。

里约缺少土地，扩展很困难，这也成为向巴西利亚迁都的理由。如果有了内陆广阔的区域，不是可以大胆地描绘城市的理想吗？于是就有了这个计划。

韩国的情况又如何呢？我在韩国的朴正熙总统时代受到过邀请，参加过迁都的规划。在韩国的迁都规划中有极强的防卫战略性意义。

朝鲜半岛分裂成南北两部分，韩国的首都首尔就位于和朝鲜国境非常近的地方。

我也曾数次悄悄接受韩国的邀请，只限于在总统府中与韩国建筑师们一起做迁都的研究和方案。这是个向位于韩国中部大田附近迁都的规划，遗憾的是由于发生了朴总统被暗杀事件，这个计划受挫了。

但是迁都规划并没有成为一张白纸，现在的卢武铉总统也在积极地计划迁都。毋庸置疑，与朴总统时期一样，首都首尔主要是过于靠近国土北部这一国防上的问题最大，但也加上了人口和经济活动过于集中于首尔的问题。从韩国整体的未来发展考虑，因为南端有釜山这个据点，就有了在首尔与釜山中间地点的大田创造另一个据点来作为 IT 产业战略的研究开发城市这样一个战略。正好位于高速公路的南北线和东西线相交点附近的大田，不就成为韩国中部发展的引爆剂了吗？可以感到这不简单的是迁都问题，而是通过由国家主导的实验新城市，向世界进军的意图。

哈萨克斯坦新首都建设的战略

那么，哈萨克斯坦为什么要迁都呢？

哈萨克斯坦的历史要追溯到游牧民族哈萨克活跃的公元前12 世纪。后来，在 13 世纪被成吉思汗攻占，19 世纪被俄罗斯帝国吞并，1936 年成立哈萨克苏维埃社会主义共和国，1991 年独立后通过直接选举，纳扎尔巴耶夫就任总统一直到今天。是一个以哈萨克人为主，由俄罗斯人、乌克兰人、乌兹别克人、德国人、鞑靼人等组成的多民族国家。

苏联解体的同时哈萨克斯坦独立，独立后，由于德国人和俄罗斯人大量回国，人口减少，整个人口构成发生了变化。与此同时，技术人员和官员中优秀的俄罗斯和德国的人才也都流失了。

为了抑制住这一点，必须强化与俄罗斯的关系，探索走民族共生的道路。俄罗斯位于哈萨克斯坦的北面，但是哈萨克斯坦现在的首都阿拉木图位于东南，靠近中国国境。通过将首都迁往从俄罗斯迁居来的人口较多的北部，不是有希望以此来加强与俄罗斯的关系，留住返回俄罗斯的人的意图吗？

第二个理由是国防上的问题。如前所述，现在的首都位于与中国接壤的地方，其南面有乌兹别克斯坦、吉尔吉斯斯坦、土库曼斯坦、巴基斯坦、阿富汗，是恐怖活动活跃的地带，是毒品走私的路线。迁都也有着希望迁移到在国际上、在反恐对策上比较有利的位置的想法，这一点与韩国的事情有些相似。

第三个理由是哈萨克斯坦的北部在某个时期以前是俄联邦中最大规模的产小麦的粮仓地带。基于赫鲁晓夫著名的开垦哈萨克草原的"处女地计划"，俄罗斯农民南下哈萨克斯坦，开拓广阔的小麦农业生产带，作为据点城市缔造了阿克摩拉这样的小城市。以此为基础的迁都方案在议会中讨论，得到了国民的一致同意。

因为前苏联时代是以莫斯科为中心的，从那里向中亚南下的铁路和公路网必然通过哈萨克斯坦的阿克摩拉，这是现有的

1995 年，哈萨克斯坦决定将从首都阿拉木图迁都到新首都阿斯塔纳，建设迅速开始进行。［哈萨克斯坦地图（上）和阿斯塔纳总体规划（下）］

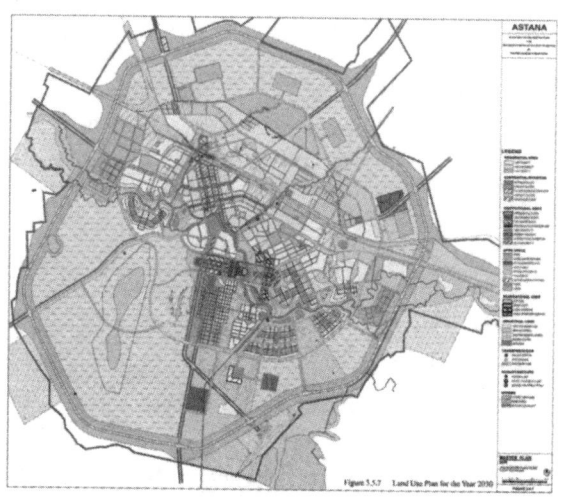

主要道路和铁路的基础设施。如果迁都到阿克摩拉周边，因为可以利用与现首都阿拉木图也有关系的现有道路和铁路，所以不用投入大量新的资金也是可以的，更可以强调与俄罗斯的友好关系。

这些就是哈萨克斯坦迁都的战略。

哈萨克斯坦新首都规划竞赛时，我首先关注的是阿克摩拉这个城市。这是一个人口只有 10 万左右的小城市，保持着赫鲁晓夫时代俄罗斯地方城市的风格，想办法如何将它保存下来，尽可能地利用现有的基础设施，在其相邻的地方展开新首都建设。"历史与未来共生"是我的共生思想的主题之一，后面要详述的中国的郑东新区规划也是如此。在继承保护历史城市的同时，在其旁边建设一个先进的、新的城市，就是将其与现有城市建立关系，使其共生的思考方法。

其次是河流的有效利用。例如东京有隅田川、巴黎有塞纳河、伦敦有泰晤士河那样，我们能想到的优美城市，一定有漂亮的河流在其城中流过。我想哈萨克斯坦的新首都也应该成为这样的城市。看看旧城阿克摩拉周围，南端有伊希姆河流过。伊希姆河，初春会发生大洪水，阿尔泰山脉的雪水融化后变成地下水，春天时会出现水位丰满的河流，但在枯水期时水位会下降，甚至河流几乎消失，每年都会反复出现这种情况。中亚的河流具有这样的特点，原因之一是草原的沙化引起地下水位降低。

我想把这条伊希姆河建设成经常保持丰满水位流淌的塞纳河那样的河流。其设想是将河的南侧到目前为止每当河水泛滥时完全成为湿地的、不能开发的区域，建造成大规模的生息调整池和森林，以此作为建设新首都的基础，听说这一概念在评审会上受到了好评。

其他得到评价的是有效利用旧城这一想法。为了在有限的预算中建设新的首都，必须最大限度地有效利用现有的基础设施。虽然设施开始老化，但是一边充分利用现有的下水管道、上水管道、道路等，一边花时间在河的南侧建设新的城市这种设想还是有现实性的，和我的与旧城共生这一主题相联系。大概是因为建设资金也少，容易被接受，环形道路、滨水城市、生态廊道这些与自然共生的概念也得到了很多支持。

在现场踏勘后我最大的苦恼是，如何克服干燥的冬季的寒冷，以及那个时期水量不足这一不利条件。首先考虑的是保水，在目前为止为了水管供水而考虑的是在水坝上游修建更大的水坝来确保水资源。而且增加了河流的宽度，不发生洪水。在南侧建设新城市的时候，在其部分利用湿地地带创造巨大的湖面，这是个在初春时节河水增加超过危险水位时可以放流到这里的兼做调整池的湖面。通过这些可以解决由于雪水融化而带来的洪水问题。

然后，在河流的两侧规划新的住宅用地，在这里建设并排的高层建筑也不错。希望将它们建设成"滨水城"，巴黎沿塞纳河的高级住宅区是滨水城意象的范本。净化到目前为止只作为最大排水溢洪道的河流，在其两侧创造新的居住环境。这也是实现我的"与自然共生"这一主题的一个方法。

到了冬天，气温有时会降到零下20度以下，而且刮着每秒7米以上的大风，不仅气温低，而且由于风吹，体温感觉会更冷。为了缓解从西南方向吹过来的冬季风对这里的影响，虽然要花时间，但还是规划了起着防风林作用的大规模的森林。因为这里包含现在的湿地区域，所以尽管是人工的，但通过创造新的森林可以再生生态系统，这实现了"与自然共生的城市"。

为了将这个新首都创造成可持续发展的生态城市，我提出了两个建议。其一，是雨水以及城市排水的再循环和有效利用。通常，排水在净化槽净化后便完全排入河道，即使排水的50%

哈萨克斯坦新首都阿斯塔纳的伊希姆河被增宽后成为美丽的河流，河两侧是建设中的滨水城。总体规划的西南部是预留的防风林带，伊希姆河南岸将建设新的市中心（政府行政办公区）。[新首都阿斯塔纳的建设景象（上）（下）]

也是好的。为什么不能循环利用呢？虽然不能作为饮用水使用，但至少浇树、冲厕所等使用是可以的，毕竟水资源不足，所以通过中水系统的排水再循环这一生态学方法的引用不就可以解决问题了吗？

其二，哈萨克斯坦是个地下资源丰富的国家，有煤、天然气、铀、钛，石油资源也很丰富。现在的发电站几乎都是烧煤的火力发电站，在中国也是这样，这带来了相当严重的大气污染。

我的方案是建设煤的气化工厂，在提供煤气作为城市燃气的同时，其蒸汽向家庭供应，作为能源使用。通过这些来降低二氧化碳的排放量，虽然今天在成本这一点上还不太具备现实性，但将来会成为可能吧。

建设森林、规划雨水和排水的循环、再利用，并且减少空气污染，如果这样的话就能进一步接近成为现在世界主题的可持续发展的生态城市。

回顾新首都规划的各种版本

在哈萨克斯坦的新首都规划中，实际上有各种版本，其中之一也是在新首都规划国际竞赛中提出的。但它与别的方案不同，是在市政厅中工作的城市规划专家们自己研究的一个作为最终将要采纳的总体规划方案。在竞赛中我的方案胜出之后，如何对待其方案成了一个重要的工作。带着我们的方案在市政厅中进行讨论，但作为已存在的现有城市阿克摩拉的城市规划的延伸，他们想实现一直以来的研究与构想的愿望十分强烈。由于我的工作和思想方法大家都很清楚，在大学的教科书上学习过我的理论，能很好地接受我，但也有当地的经验和作为建筑师、规划师的自尊。所以，一边和他们讨论，一边在采纳其意见的同时实现我的概念，为此需要花费相当的时间和精力，也数次召开听取意见会进行讨论。

新首都的总体规划的确定需要遵从宪法的手续，在等待的几年时间里，在阿克摩拉老城区里每天都有建筑在建设，新扩张地区的基础设施的规划和修建也有一部分开始进行，已经实施建设完成的部分只好妥协。

在总体规划的制订中应哈萨克斯坦政府的要求，获得了开发调查的无偿资金。再次在由 JICA（国际合作机构）主办的日本国内竞争中获胜，我作为团长率领 JICA 团队，和各个专业的专家们一起合作，在竞赛方案的基础上完成实施方案。但是，在和市政厅打交道的过程中，这个方案马上就被泄露了出去。而且尽管没有发表最终方案，但是知道了有一个拥有最终规划方案所确定的最重要土地的集团。这是非常麻烦的，如果方案正式公布，市场上的土地买卖被禁止，政府势必要去收购那些需要的土地。

揭开盖子来看就可以明白了，取得那些土地的是沙特阿拉伯的本·拉登集团，这是在阿富汗发生各种纷争，911 同时发生多起恐怖袭击事件之前的事情了。调查结果表明，本·拉登集团捐了 15 亿元作为研究暂定调查总体规划的费用，而且知道了在市政厅内部也有支持他们的团体获得了取得土地的约定。虽然可以排除这是得到了总统的认可，但还是好长时间感到可怕。为什么呢？因为近似于零地价的土地，可以预见在总体规划发布后要上涨数十倍，因为我的方案，将排除掉能得到巨额收益的集团。

接下来全部仰仗纳扎尔巴耶夫总统，能够解决所发生的问题。纳扎尔巴耶夫总统是一个强有力的领导人，因在从苏联独立出来的 1991 年提出成立 CIS 联邦的构想而被大家熟知。其构想是汇集属于前苏联的吉尔吉斯斯坦、阿塞拜疆、塔吉克斯坦等国家，缔造 CIS 中亚联盟，担当起中心的作用。现在，它强化了与中国、俄罗斯的关系，加入到上海合作组织中。通过油田开发、反恐对策等方面的合作也重视与美国的关系。纳扎尔巴耶夫总统 2005 年 12 月再次当选，政权得以稳定。

作为东西交通要冲的哈萨克斯坦

我在做总体规划的时候，总统倡议的迁都设想并没有得到舆论的一致支持。阿拉木图这个现在的首都，如果比较气候的话，尽管冬天寒冷，但比新首都阿斯塔纳要暖和。水源丰富，附近有山，绿地也多。在国民中有很多人认为既然这样，在阿拉木图不好吗？为什么要特意迁到气候更严酷的北边去呢？因而不能接受迁都。日本历任大使也将迁都困难的报告送交给外务省，当时的大使也否定对总体规划进行无偿援助。JICA 在进行总体规划时虽保证日本大使馆的用地与美国大使馆相邻，但遭到了"大使馆不迁"的强烈反对，结果，日本大使馆的用地被取消了。各国大使馆正在建设中，首都阿斯塔纳的日本大使馆大概只有入驻借来的房子了。

我做的总体规划中，设想 2005 年形成人口 40 万左右的城市，但现状已远远超过了 40 万。从决定迁都到现在的十年中，实际上从工程开始只有 5 年。在这 5 年之中出现了包括原来阿克摩拉人口在内的接近 50 万人的城市。通过各个国家的投资继续着建设的高潮。欧洲、土耳其、俄罗斯的企业已经进入。

真的能迁都吗？在这种舆论的恐惧被完全吹散的形势下，哈萨克斯坦以每年超过 9% 的速度在持续高度发展，迁都也顺利进行，有关各部的建筑物大体上正在接近完成。总统官邸也完成了，新首都的飞机场也通过日本的 ODA 模式在 2005 年 9 月末建设完成。

哈萨克斯坦作为新加入的石油输出国正在被关注。2000年在里海发现的卡萨干油田，其石油与天然气储量推算为132亿桶，是过去30年中发现的最大油田，也是世界第五大油田。虽然还没有形成在国际市场上大量出售石油的形势，但2004年还是通过美国的资本（日本也有资本参加）建成了通向地中海的石油管道。因为通到了阿塞拜疆和土耳其的地中海城市杰伊汉，因此，通过它用地中海来的油轮将石油运出。通向俄罗斯的输油管以前就有，通向中国的新输油管建设也签署了协议，因此，在未来是光明的展望之下，新首都的建设也在迅速推进。

竞赛以来，有件事我在思考，一个是这个地区在赫鲁晓夫时代是几乎可以供给整个苏联人口的大粮仓地带，后来因为单季只种小麦，土壤薄了。如果在日本，收获了稻米后，翻整土地再种上麦子等做多季种植，土壤好像就不至于恶化。但是在这里，因为只种小麦，土壤就荒废了，但是有办法改良土壤。

哈萨克斯坦这个国家能否同发达国家一样成为可以发展钢铁、汽车、IT产业的国家呢？我认为不合适，虽然例如中国和印度、中东是如此。容易认为只要有钱就能越过发展中的阶段，汽车产业等发展到世界水平，占据世界出口的份额，但事情绝不是这么简单。同样，尽管说哈萨克斯坦出产石油，或者有地下资源，但它不是制造业和先进产业发展的保证。我所认定的哈萨克斯坦的新产业，是石油、天然气以及其他地下资源相关产业之外的农业，是物流产业。

在这个国家，必然会想起过去通过这里的丝绸之路。从地缘政治学说来看，是东西交通的要冲，是俄罗斯—哈萨克斯坦—印度这个南北轴线之外连接欧洲和亚洲的中继点。如果这样来重新认识的话，是不是可以产生新的展望呢？在前苏联时代，只修建南北方向的道路和铁路，那是由苏联支配的基础设施，从莫斯科的统治视角来看，除此之外是不需要的。

但是，再回顾一下历史，如果哈萨克斯坦认真地思考东西交通的话，往西经土耳其有欧洲，往东经中国有日本和东南亚，南面有对今后的经济发展充满期待的印度，哈萨克斯坦掌握着这个要冲。

从欧洲通过哈萨克斯坦到中国大连的物流铁路建设的规划正在欧洲、俄罗斯、哈萨克斯坦和中国之间规划着。最近，由胡锦涛国家主席和纳扎尔巴耶夫总统签署了为中国输出石油的东西输油管道建设的协议。

在政治上，以俄罗斯、哈萨克斯坦、中国三国为核心，召开了上海合作组织会议，其主题之一是驻扎美军的提前废止，这也与美国的中亚战略有关系。在阿富汗对塔利班有战争的时候，允许其领空有美国飞机通过的是哈萨克斯坦，吉尔吉斯斯坦有美军的基地，从那里美国目不转睛地盯着阿富汗。就是说将哈萨克斯坦看作是作为控制恐怖主义的中亚的重要国家之一。

对于这一点，我认为俄罗斯不能失去曾为前苏联一部分的哈萨克斯坦。曾经是苏维埃联邦的国家，有的归了欧盟，有的倾情于美国，和这些 CIS 各国再一次强化关系是俄罗斯方面的战略。由哈萨克斯坦、吉尔吉斯斯坦、塔吉克斯坦、乌兹别克斯坦组成的欧亚大陆经济共同体在俄罗斯的主导下进行。

中国的存在也很重要，中国重视中亚的一个原因是能源政策。哈萨克斯坦作为未来的产油国的重要性，以及政治上控制中亚这种安全保障上非常重要的性质，是中国所考虑的。它们大概是成为俄罗斯、哈萨克斯坦、吉尔吉斯斯坦、塔吉克斯坦、乌兹别克斯坦、中国组成上海合作组织（SCO）会议的主要内容。

无论怎样，即使从美国来看，哈萨克斯坦也是非常重要的国家，从俄罗斯来看也是重要的国家，从中国来看更是重要的国家。在这种情况下发起的迁都，不是会强化今后中亚的政治作用吗？物流产业、地下资源的实业化，输油管道战略的设想在这种背景中准备着。

拯救地球的哈萨克斯坦农业

我认为与物流产业齐头并进的是哈萨克斯坦另一个重要的产业——农业。据中国社会科学院院长发表的论文称，2020年左右，中国将迎来大的粮食危机。这是由于伴随着经济增长，每人的肉食消费量在增加，饲料用作物的大量进口成为必然。这可以说是经济快速发展中国家所共同的，这个快速发展最显著的就是中国，即像战后的日本的那种情况一样，饮食生活向食肉的方向变化。

起到这个先锋作用的是麦当劳，麦当劳通过巧妙的形象战略将汉堡包渗透给孩子们。体会到肉的味道的小孩子，成为大人后就大量的吃肉了，这个曾在日本发生过的事情经常反复发生。为此，尽管以前在中国自给自足是可能的，但作为饲料的玉米和大豆变得并不充足，从几年前开始已发展到每年缺口500万吨的情况了。

如果按照中国社会科学院的论文，可以推论到2020年左右，最坏的情况下，中国也许将缺口近1亿吨饲料用粮食作物，这是个没有解决办法的数字。

现在世界上能够出口大豆和玉米的国家只有美国，但是即便计算它的总量也不满1亿吨。虽然说在中国有1亿吨的不足，如果中国全部进口的话，那现在进口1500万吨的日本该怎么办？包括俄罗斯在内，世界上有许多进口国。不用说如果需求与供给的平衡被打破，粮食价格将会暴涨，以此为契机，股票市场也会混乱，很有可能引起大的经济恐慌。麦当劳成为引发世界恐慌的开端，就像一只蝴蝶振动翅膀引发风暴的说法一样。

126

但是暂且不说时期，反正不能排除这种事态发生的可能性。对此还没有决定性的解决方法。

因此我提出，如果在哈萨克斯坦生产不是很好吗？将哈萨克斯坦的新首都周边作为先进的农业用地。在哈萨克斯坦，因为集体农庄和国营农场已经解体为租地耕种，要再次将它们合并在一起开展大规模的农业。为此日本商社的力量是有效的，农业的管理和贸易如果由三菱商社和三井物产这些日本公司来做的话也是可以的。将来生产的玉米和大豆出口到邻近的中国。因为像前面所说的东西方向的货运铁路规划正在进行，假如完成的话，就可以用铁路货运来运输了。

哈萨克斯坦新首都的设想中，有拯救世界的新农业构想。在我的意象中，哈萨克斯坦新首都的建设开展下去，经过数十年，周围将被绿色所覆盖，然而这个绿色不是草原而是农业的绿色。现在马上创造森林和草原是困难的，但可以作为一个程序从农业来开始，正因为其是一个能生钱的生产行为才能够进行。如果只是单纯地植树，是不能轻易进行的。当然，品种改良是必要的，这正是日本自豪的地方，即使不使用生物技术，也可以转移农林水产省的农业实验场培育出的技术，说起来就是将日本的农业国际化，在哈萨克斯坦来实施的战略。

日本的汽车产业是在中国和泰国生产汽车，因此，日本的农业不仅在日本的国土上，利用世界的土地也是可行的。哈萨克斯坦有日本没有的土地和廉价劳动力，相邻的中国有需求。如果将日本的技术和哈萨克斯坦的土地、中国的需求加以组合的话，就能产生新的农业，而且其可以拯救世界，这才能揭开农业新时代的大幕。

能够思考这些内容的就是哈萨克斯坦的新首都规划。道路还很遥远，但不是单纯建设首都的话题，将迁都作为国际战略来思考，可以对地球环境、世界经济做出贡献。听到 2005 年 12

月再次当选的纳扎尔巴耶夫总统说不仅是石油，还要抓农业的演讲，我非常高兴。

如果世界上没有了恐怖主义和战争，什么会成为最大的威胁呢？那就是自然灾害和粮食不足。现在因饥饿每日每分都有很多人死掉，比战争死的人更多。用新农业的绿色覆盖地球这个想法，以面向未来的哈萨克斯坦的新首都为范例开始进行。

草原的复活与"雪豹"

我从过去就持有文明的发展是顺时针旋转的这一假说，从欧洲开始现代化，跨过大西洋到达美洲大陆的东海岸，发展了新英格兰地区，然后通过开发西部转到大陆西部，形成了以洛杉矶为中心的太平洋时代。然后它漂洋过海，使日本、韩国和东南亚开始现代化，现在发展到全亚洲。在亚洲的发展中，中国和印度受它的影响发展，就会带动今后中亚的经济发展，并且通过中亚的石油资源和天然气的加速流通，俄罗斯会共同发展，而且世界的新的文明时代将回到欧洲，以欧盟形式再次脱胎换骨的新欧洲时代将要到来。我要说的就是在这样的历史性世界演变的假说中中亚的重要性。

以前我曾预测过，中国和印度的时代早晚会到来，它源于前面所说的顺时针旋转假说的成立，如果按照顺时针旋转进行的话，印度和中国发展了，其后就轮到中亚，再进行下去的话就会面对现在扩大的欧盟，这个假说在不久的将来会不会被证明？

欧洲的现代化之前，实际上是中亚发展的时代。奥斯曼土耳其和成吉思汗的蒙古帝国是骑马游牧民族国家的时代，他们拥有世界、构筑大帝国的繁荣时代也许会换一种姿态再次到来，那时中亚如果能够回到如成吉思汗纵横驰骋的草原就好了，或者像我现在策划的这样扩展为农业的绿色也好。但是，如果它仍像这样的沙漠，即便因石油而繁荣，那也不是应该展望的未来。

像成吉思汗时代那样在亚洲中部恢复绿色是必要的，但是，不能依靠播撒种子使草原复活。如果以农业为中心推进中亚的绿化，将其作为一个过程，一定可以回到过去曾有过的生态环境。其象征性的存在，对我来说就是雪豹。

雪豹是哈萨克斯坦传说中出现的象征性动物，中亚人特别是在哈萨克斯坦，大家都抱有一个憧憬，虽然这种雪豹据说在一百年前已经灭绝了，但不时也能听到发现它的新闻。但是不知为什么，尽管是直觉，我总觉得野生状态生存着的雪豹就在哈萨克斯坦或者吉尔吉斯斯坦的山里。没有了草原，兔子等作为猎物的小动物没有了，所以要向自然界中有食物的地点迁移，现在会不会就在深山中生存着？

受总统的委托，以特种精锐部队的 7 人组成搜索小组，因为在冬季发现的几率较高，所以选择了冬季进山搜索，终于在与吉尔吉斯斯坦接壤的国境附近发现了野生的雪豹。是世界上珍贵的雄性雪豹。

仅仅发现还不是办法，因为和熊猫一样是濒临灭绝的物种，所以让其与在动物园里人工饲养的幸存豹子交配，不断来增加后代，当哈萨克斯坦再次覆盖上绿色时再放生回野外，必须使有着国家象征的雪豹得以恢复。

然而，观察了好几年被捕获的雪豹，有人质疑其有没有生育后代的能力。但是我在哈萨克斯坦与这头雪豹对峙时，感受到它顽强的生命力。正好总统作为国宾要来日本，我请求说"作为给日本国民的土特产，可以赠给我们雪豹吗？"在来日和小渊惠三首相会谈之际作为礼物送给了日本。通过了解在日本有没有研究雪豹的人，知道多摩动物园有优秀的饲养专家。于

在哈萨克斯坦发现的野生雪豹"新
吉思"（上），现在饲养在多摩的
动物园里，已经生育了5头小雪豹
（下）［多摩动物园提供］

是我直接和当时的小宫山载彦园长联系，雪豹就放在了那里饲养，名字就取为来自成吉思汗的"新吉思"。它与在各地人工饲养的豹子之间迄今为止一共繁育了5头小雪豹，现在正在茁壮成长。2006年，因为这项成绩，饲养部门的福田爱子还得到嘉奖。接下来，它们的子孙会继续增加。将接近于野生的雪豹放归哈萨克斯坦绿色草原的梦想何时会实现呢？

　　我设计的哈萨克斯坦新首都的飞机场已经完成了，在各种各样的事情反复出现的同时，哈萨克斯坦新首都在进行着建设，设想到2030年时就可以建成具有百万人口的首都，但也有提前建成的可能性，也许在2020年代的前半期就能达到这个目标。

8　中国的实验城市——郑东新区

解读卫星照片

　　我在做哈萨克斯坦新首都规划中运用了 NASA 的卫星资料进行研究、分析,在做中国河南省郑州市的郑东新区规划时也一样。做竞赛之前不曾去过郑州,都是使用 NASA 的卫星资料来了解分析,在东京完成的竞赛方案。现场的听取虽然重要,但是乘车到现场走啊、跑啊,又能明白到什么程度呢?

　　现在,卫星资料很先进,不仅有地面上的照片,而且地质、地下水系和植物、气候或者风向、交通量等也能够知道。因此,与其实际出去考察,还不如从卫星资料看的情况正确。即使乘车实际去东京 23 个区这么大小的面积来回看,地下水在哪里?什么地方生长什么样的树木?风向如何?都不一定知道。那样的话还不如冷静地分析卫星资料要好得多。

　　最初发现的是卫星照片上被拍成黑色的养鱼池集团。养鱼池这么多的地方应该有地下水,我想保持住它们做成大的人工湖。还有从以前的飞机场跑道的痕迹看可以知道那里是马上可以用来建设的空地,同时,因为飞机是迎着风起飞的,所以也就知道了风的方向。这些事情是即使坐车在郑东新区 15000 公顷地域里来回走也无法搞明白的。

　　以前在做坦桑尼亚首都规划的时候,卫星资料是不公开的,无法拿到手。但是现在地球上任何地方的卫星图片都可以从 NASA 和 Google 等互联网上很容易的搞到。曾经被人说,经常做一次也没考察过、一次也没去过的城市的规划啊! 它实际上和医生是一样的，像以前那种只是靠听诊器、看面色、热度、脉搏和触诊，也许只可以知道是不是感冒了这种程度的小病而已，但无法正确了解身体异常与否。但是，现在有超声波诊断、MRT（核磁共振）、CT（计算机断层扫描摄影）、PET（正电子断层法），像以前那样只靠听诊器来诊断的人几乎没有了。我们也不要只靠现场调研，要使用相当于 PET、MRT 和 CT 的各种各样数据来制订规划。规划中需要大量的相关数据资料，也进入了可以收集到的时代。

所以，在国际竞赛中外国人获胜也就没什么不可思议的了。因为本地的专家虽然有这个国家的经验，但是不一定具有丰富的资料和分析它的能力。而且，建筑和城市规划的胜负是想象力，是创造性，是思想。我在评审会上说明方案时，出示了在卫星照片上画出的城市设计图，然后说明了"为什么我要在这里创造一个湖面，那是通过 NASA 得来的卫星照片显示这个地方集中了养鱼池，必然应该有地下水"。会场上立刻轰动起来。

郑州的郑东新区的总体规划是国际招标的竞赛。招标竞赛的情况，被指定的团队多的时候在 15 个左右，少的时候也有 5 个左右。由中国的城市规划和建筑专家、大学教授、建筑学会等组成推选委员会，党委和政府也参加，通过讨论到目前为止的业绩和最近的竞赛结果来决定从世界上邀请谁。

在 2001 年进行的郑东新区的竞赛上，除我以外，还有英国的阿特金斯，美国的佐佐木事务所，新加坡的 PWD，中国的同济大学、清华大学等团队参加。评审的结果，决定后得到 100%支持的我的方案。这个竞赛虽然是城市总体规划的竞赛，但由于我自己感兴趣，我还提出了关于城市中心区的建筑群的方案，它就是前面说过的"环状城市"。在总体规划中，概念比什么都重要，交通、土地利用规划和公共建筑等的布置方案是中心。通常在总体规划阶段，不太仔细描绘如何构成建筑，郑东新区位于中国中部、黄河中游的河南省，以前中原文化繁荣的这个地区汇聚了南北和东西走向的铁路，成为重要的物流节点。 [以NASA卫星照片为基础合成的总体规划]

但我详细地提出了方案，例如表示了道路断面建设的导引。环状城市的建筑也表示出了容积率和高度控制，将居住区、会展中心、标志塔等的意象用计算机效果图提出方案。

中国的城市建设

在郑州的新城市里有两个环形的城市中心，一个是工作和居住功能的 CBD（中央商务区），另一个是在湖中建设的文化娱乐中心，将它与人工运河连在一起。北区的环形城市是在中心被命名为"龙湖"的 600 公顷的湖周围环形布置的，附近有黄河。评委支持这个环状城市的设想，不仅是总体规划，其后还进行了分区规划、详细规划、基础设施规划、景观设计、路灯等街道家具的设计，以及会展中心的设计和重要的建筑设计等。

担任了 360 公顷的市中心公园的景观施工设计和现场管理。商业街位于外侧的高层办公楼与内侧的高层住宅之间，也是环形的循环专用步行街，三层建筑的低层商业街。按照规划工程在迅速进展，虽然有关专家达到数千人，但像这样一个城市完全以一个总建筑师为中心来建设的案例在世界上少有。这是因为市里与省里的领导有纵观全局、大力支持的结果。我将评委的每一次意见都采纳进去，最终在 2002 年 3 月完成了总体规划的最后方案，立即开始了施工。从 2001 年竞赛开始，经过了 5 年，第一期的城市中心接近于完成。

在中国可能实现世界上最先进的城市规划，是因为共产党的领导力。负责人如果规划失败也会被追究责任，所以每个月都要召开专业审查会，召集全国最高水平的专家，征求针对规划的意见，在日常工作中能做到连续地确认方案。

300万人口的郑州市是中国河南省的省会，郑东新区位于老城区与黄河之间的农田、养鱼池范围内，作为容纳150万人口的新城市正在建设中。连接新城市中心与湖中心的形态，表现出源于中国传统的"如意"的良好形象。人工湖"龙湖"以现存的养鱼池为中心，形成大约600公顷的规模。[郑东新区（2002年）的鸟瞰意象（上、下）]

　　这种无法想象的每个月的高密度的议论、研讨，有时需要三、四天，但在整个设计周期中，只有当初的思想、概念绝对不能改变这样一个信念。对领导的指挥能力和预见性、对我的信任感到感动，感到有更重的责任。

　　我在说明总体规划时，总是说明方案基本的思想，对时代变化的预想，甚至包括世界战略。最后的定夺不是个别的专家，而且由考虑整体的领导来决定。哈萨克斯坦的情况是由总统来做出，在郑东新区是由河南省的李克强书记以及郑州市李克书记来做出。

　　就这样，竞赛后逐渐细化方案，例如包括将每一街区的用地面积、用途、容积率、高度等的建筑控制，以及燃气管道、给排水、电话线路等图纸化。我自己对这种规模的城市进行详细设计工作也还没有先例。

　　在这种状态下规划图纸一经完成，中国的情况是为推进工作在市里成立特别组织，称为管理委员会。郑州新区也组成了管理委员会这个执行团体，副市长、副书记一班人为首做总指挥。在我出席的设计会和每周的现场级别的会议上，市委书记每次都精力旺盛地出席参加。

　　在中国，土地是有 70 年定期租地权的，除公共设施之外，卖给民间开发者，民间就可以用来建设住宅、商业设施、办公楼。

郑东新区概况

　　中国的"郑东新区"是人口 150 万的新城市。郑州现有人口 350 万，位于北京以南 800 公里的黄河中游，这个地区曾经是中原文化繁盛的地方，是汉民族的故乡。在 2001 年的国际设计竞赛中，我的被选中方案，通过 600 公顷的人工湖和人工运河积极地创造自然，使现有的运河再生，也将人工运河作为交通来利用。是一个在运河两岸形成包括滨河公园在内的生态廊道的共生城市的方案。这个郑东新区的 CBD 是世界上第一个大规模的环状城市，以 2010 年完成为目标，现在正在推进工程。环状城市由外环道路和内环道路构成，外环道路的直径是 1.7 公里，CBD 的总面积是 360 公顷。环状城市由两列及其中间的商业街构成，外侧被绝对限制在 120 米，内侧被限制在 80 米的高度上（高于、低于它们都不行）。商业街形成全步行专用道。环状城市的中心是有着湖面的中央公园，其中一部分在建设河南省的艺术中心和郑州市的会展中心。

　　我甚至连步道铺石的颜色都详细地交代了。2005 年 7 月，只过了不长时间再去时，市长以下的全体人员都在等我，就铺石、坡地的高度控制的解释等进行了约 4 个小时的提问，也就广告的规定交换了意见，禁止霓虹灯、广告位于高度在 30 米的低层范围内等是讨论的主题。还有关于夜间照明，强调城市中心部分采用黄色光，其他区域采用白色光。连接两个环形城市中心的形态以中国意为吉利的"如意"来表现，是将未来握在手中的意思。另外，据考古学者调查，最近在郑州发掘出了中国古代商朝的遗迹。在商代青铜器上最初出现的花纹是"眼睛"的形状，实际上这种花纹也是这个环状城市中心的形状。

郑东新区是水的生态城

　　在郑东新区，采用了许多先进的想法，这是哪怕在日本也还没太实施的想法。

　　一个是创造通过连接山的生态系统和水的生态系统的"生态廊道"，确保不仅是人，还有小动物、昆虫、蝴蝶、鸟类能够自由往来的生物多样性，这个多样物种的"共生思想"

的实践。

河流，整体上是从山脉流向黄河。但是在 3500 年前，这里已经有古代城市了，今天它的城墙仍然残存着，河川包括小的河流也有三、四十条。看看郑州的古代绘画，黄河的水也与今天不同，非常丰沛。在从黄河引来的运河上能够行船、洗衣，很洁净。但是，初到现场考察时却非常吃惊，市里的河流都如同地沟一样的脏，有一点儿像公害严重时的东京的隅田川和神田川。

因此，市里为了让这些河流中流经市内的金水河和熊儿河清洁起来，在两侧埋设排水管，不使生活污水流入河流。而且在河的两侧植树建设公园，决定将其与黄河连在一起，创造生态廊道。它们已经有一部分工程完成了。两条河流变清洁后，两侧的公园也将被整修成休憩场所，傍晚时分会聚集大量的人。植树也开始了，向实现生态廊道迈出第一步。

"郑州这个城市，从过去的画卷来看，流淌着清洁的河流，要把它们恢复回来"这样的提案在市府当局和市民心中引起反响。假如即使实现一部分，住在这里的人们也会产生印象吧。会说"如果做就能成功"。这也许可以看到与新城市相联系的未来。郑东新区虽然尚未完成，但从使现有老城的河流清洁起来开始就是成功的。

实际上，关于生态廊道能在什么程度上让小动物和鸟、昆虫等通过，在德国等各国已经开始了实验。但树种的选择，沙地、湿地、水池、草地、果树、花草、容易制造鸟巢的树种和为繁育后代的鸟类庇护所等都要适合当地详细的规划，以及有必要经过长期的观察保护，所以是否能成功还不知道。面向保护地球环境的可持续的"生态城市"这个概念，虽然现在在开发优先的中国是一点点地推进，但在理论上已被理解了。在国际会议上也终于讨论可持续的生态城市了。

郑东新区的新中心（CBD）是办公和居住的混合地区。中心是湖面和公园，形成环状城市。从空中眺望，呈现出在这片区域上繁荣过的古代城市"商"时代眼睛的纹路形态。[郑东新区 CBD 的平面图（上）和河流公园的景观意象（下）]

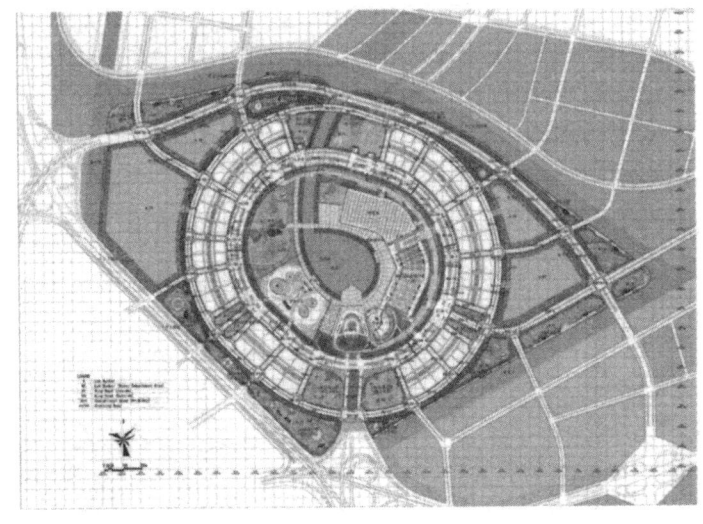

也有反对挖掘600公顷龙湖这件事的人，其理由是水量会不足。也许是质疑我的这个整合养鱼池建设大湖面的设想，事实是在这里挖湖实际上是接近了禁忌。从中国的中部往北，从郑州到北京这片地区水量不足，黄河的水由于建设水坝和农业用水的取水而枯竭，为此在中国有"南水北调"，即从长江开挖大运河送水至北京，运送到北方地区，这样的大运河工程在实施建设，其也要通过郑州。

通过卫星资料的分析，以前黄河干流的地下水在其附近，但是只靠地下水是不够的，所以得到黄河水利委员会的协助引入了一部分黄河水。

而且我的方案是使用中水道，再利用城市的排水。北京现在在建设中水利用设施，到奥林匹克运动会时，将城市排水净化处理后，其50%加以回收再利用。在中国水源不足的地区，今后将开展中水利用规划，这是排水的再循环系统，是可持续的生态城市的技术之一。

郑州的中水计划降低了净化的标准，是只能给湖面和树木补水的经济型，不能作为饮用水。新加坡2004年制订的设备标准可以达到完全净化作为饮用水来喝，虽然心理上感觉不好，但总理在电视上用"我也来喝"来呼吁民众。

郑东新区的这个计划已经被不仅是中国的媒体，还有世界的媒体所采访，英国皇家建筑师学会，美国建筑师协会都进行了现场考察。2003年我第一次接受世界城市奖（西班牙），对象就是郑东新区和哈萨克斯坦的首都规划，与美国宾夕法尼亚大学建筑与城市规划学科的盖里·哈克教授和巴西有名的作为世界第一个可持续城市的库里蒂巴市的市长共同获奖。

郑东新区是环状城市

如何看待交通工具的分担率是思考未来城市的一个重要条件，我以中国专家的预测（未来的交通分担率）作为参考，提出了将自行车、步行，以及作为公共交通工具的船只、汽车、单轨列车、地铁等很好平衡组合使用的混合型交通系统方案。这对于中国来说是一个挑战，上海等城市因为车辆的迅速普及，完全成了每天都交通堵塞的城市，现在总算有了地铁的规划。以车为中心的城市，不管是美国也好，欧洲也好，日本也好，都失败了。要是在郑东新区能很好地平衡使用船、自行车、汽车、公共交通工具就好了。步行空间也很重要，我喜欢威尼斯的街道，不能使用汽车。希望在郑州，能平衡使用船和步行空间、汽车、公共交通工具。

在郑东新区，环形中心之外原则上是以低中层城市为目标，为使其实现步行者与自行车优先，将来的交通分担率设定为步行15%，自行车25%，船只10%，汽车15%，公共交通35%。积极的提高步行与自行车的比率，追求创造不只依赖汽车的新的城市环境。

如前所述，以前日本的大街两侧有驿站，有集市。还保留着三日市、四日市的名字。游人和商人，观光、巡礼的人们环游于街道两侧，变换着日期举行集市。正是这种环游性是环形城市的循环系统的基本。回游性高的商业街和百货店，热闹具有活力。在环游性高的环形市中心里，具有活力的部分在与时代一起发生着移动、变化的同时向前发展。再生和成长、循环同步，并且可持续发展成为可能。在集合体结构的城市中，像"湘南生活城"和"菱野新城"那样，集合体犹如细胞一样可以持续生长，绿化带和商业行政服务等在集合体周边，形成了网络状的循环环路。

郑东新区是低层高密度的紧凑型城市，高层只位于中心。今天的上海、北京等经济发展显著的中国城市，一般所见与日本一样，是高层住宅，高层公寓林立的状态。郑东新区相对于这种现状，是将中国的传统以现代的手法展开，实验低层高密度住宅这样一个概念。复兴现代的"四合院"的院子和"胡同"这一主题，是历史与现代的共生。

中国战后的住宅政策设置了与日本非常相似的标准，这就是"南向"的概念。在日本，房产公司初期的住宅区全部朝南，就好像养鸡的小笼子规则地排列着。现在不这样考虑了，将之前不能考虑的朝北、朝西、朝东的住户加以组合形成广场的这种欧美新形式的设计也出现了。但在中国，仍然还有以前日本那种绝对重视南向的思考方法。我在想不能以适合人体尺度的广场和步行道为中心创造低层高密度的形式吗？在这个郑东新区里我设计了示范的住宅区，今年（2006年）就能完成。

建筑像是围绕着各自中庭而建，有一部分朝西和朝东的建筑，将它们设置成店铺、会议室、工作室等，形成像过去四合院那样围绕着中庭的安静的生活环境。而且，停车场布置在地下，形成以步行者为中心的安静的居住环境。老年人和儿童也可以放心地游戏、休息、团聚。这大概是中国最早的低层住宅的试验吧。建筑的高度限制在18米，虽然配备电梯，但原则上是以四层的低层住宅构成整个街区。但是在龙湖地区，虽然湖边是18米，但向外侧，高度控制一点点地放宽，形成能够看见湖的城市景观。

将中国传统的"四合院"加以现代继承的郑东新区的示范住宅。车辆全部在地下，18米高度限制的低层高密度住宅，围绕着中庭展开，中庭成为从老人到儿童都能放心活动的地方。〔郑东新区示范住宅的鸟瞰景象（上）和景观意象（下）〕

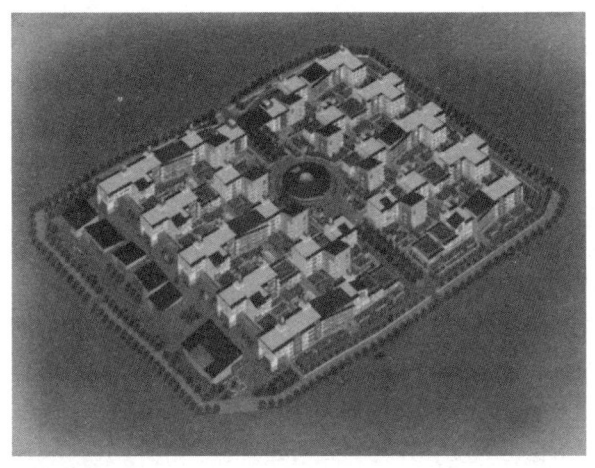

中国的快速城市化

以中国为首的亚洲各城市的快速城市化有着两个侧面：一个是从农村向城市的大量劳动力的流动，另一个是国外以及国内资本的踊跃投资，并且是向以住宅为中心的不动产的内外资本的旺盛投资，在城市中产生了雇佣的需要、人口从农村向城市的流动。

对我来讲，和中国的交流已经近20年了，最初的十年是作为日中21世纪委员会专业委员的交流，是以作为北京清华大学客座教授、上海同济大学名誉教授、南京东南大学名誉教授的文化艺术交流为主。其后的十年里作为广州市、深圳市、河南省、昆明市等人民政府的顾问广泛地参与筹划了地区的政策计划制订。从那时以来，参加中国各地城市规划的方案制订的机会增加了。

"昆明市城市规划"以如何面对未来增加到300万~450万人口为主题。举办了世界花博会的自然美丽的观光城市昆明，实际上其市中心因为高密度，花很少，绿化也很少。我的方案是通过在滇池周边修建四个新城市，再进一步建设新机场城市，构筑网状城市来制止向昆明周围地区的低密度的不规则扩大。在老城区，在建设50年到100年最低需求的公共服务设施的同时，将历史保护建筑以外的用地逐渐作为公园加以绿化，通过这些来积极地使市区空心化，将现有的民用地置换、迁移到在周边一定地区，形成市中心为公园的环状城市。将有着放射状结构和城市中心的老城区，通过再开发转变为没有中心的环状城市。尽管不能确定这个长远的再开发战略在百年之后能否实现。但是，城市已依照这个新的方针开始了名为"一湖四区"规划的计划。

现存的老城区假以时间将其公园化，
在其周围形成环状城市。将今后增加
的人口吸纳到在滇池周围构成的新城
市网络中。将机场城市规划成通往东
南亚的门户，作为物流中枢机场。
[新机场城市总体规划（上）和昆明
周边网状城市规划（下，2004年）]

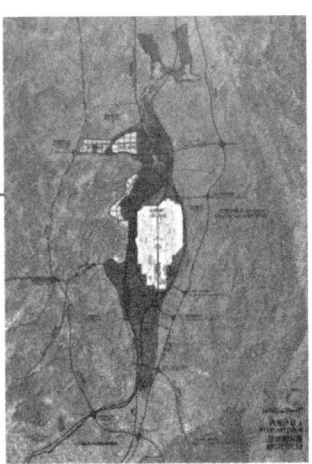

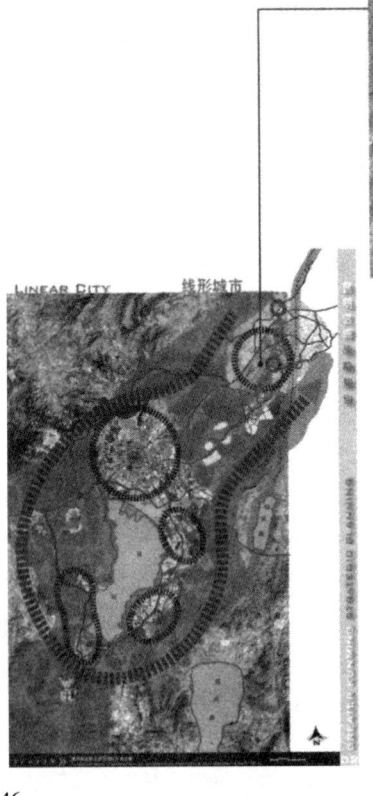

146

首先从在 50 平方公里的范围里建设 30 万人的新机场城市开始。昆明新机场是具有四条 4000 米长跑道的亚洲最大级别的飞机场，成为物流的核心点，具有通往东南亚的中国门户的地位。这个区域里有许多现存的聚落，规划上用各自的森林将它们包围起来加以保存。这样的农村聚落和新城的共生已经在 1966 年日本的"湘南生活城"中尝试过。"湘南生活城"与"菱野新城"一样，通过成簇保持具有子整体的结构，是作为小城市集合体的城市，各种各样的簇群没有类似邻里住区的中心设施，在簇群的周围有学校、行政、服务设施，伴随城市的生长形成网络。被收购的农村用地（均等的 50% 的标准）在各个村落周围做置换、区划调整，农户和其他现存的村落以每一个簇群，实现现存聚落与新城市的共生。"昆明新机场城市"也全部保存了现有的村落，与新的新城簇群共生。现在在中国，农村聚落和农业的保护是一个紧迫的课题。像这次这样能够将 100 平方公里面积的优良农用地集中到北部保全的条件，是终于向实现迈进了。2005 年末，概念性的总体规划得到了认可，开始以当地的规划院为中心制作详细规划，这里也准备实验大规模的生态廊道。

"上海嘉定新城"是为分散、吸纳上海广大地区人口爆炸的紧急政策之一。在上海，有松江、嘉定、海港三个卫星新城，但是都和日本的新城规模相差悬殊，定义为广域的新城市中心为好。上海的浦东地区的发展备受关注，如果在广域上看，面向 2010 年上海世博会所构想的北京—南京—上海高速铁路线将加速更大范围内的网状城市的形成。特别是嘉定，位于连接南京和上海的高速铁路线上，而且形成许多汽车产业集聚的汽车产业走廊。虽然现在的人口是 45 万人，但目标是包括嘉定、南翔、安亭在内的 100 万人的城市。另外，在有大众汽车工厂的安亭的东面，F1 赛车场于 2005 年 10 月开幕了。我的方案将这密布无数的运河，实现与自然共生的城市，三个小城市形成了网状城市。[上海嘉定新城（2002年）的鸟瞰意象（上）和网状城市布局图（下）]

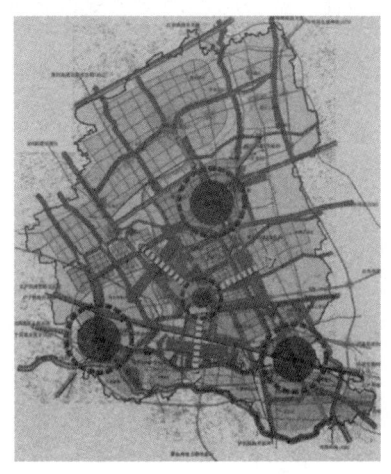

三个城市以新的地区循环道路和循环 LRT 连接，创造网状城市，现在正以这个方案为基础推敲实施规划。连接上海和嘉定的新交通 R3 线已经开工，虽然来不及全线通车（2010 年），但在 F1 赛车比赛时还是运送了大量观众。为了使连接各个城市的城市轴线成环形结构的发展，首先要让有 F1 赛车的三个城市的中心成为有巨大人工湖的 F1 公园，这是非中心性的创造；其次规划从各个城市轴线的中间点连接 F1 公园的副轴线，将 F1 集聚的昼间人口引向网状城市的城市轴线，因为这个地区东西南北都有密密的运河，将它们原样保持在规划中加以汲取，规划个性的滨水城市。

现在在亚洲，开始了面向 21 世纪的大胆的城市战略，都是把发达国家的未来作为目标的迈向城市革命的新挑战。遗憾的是只有日本还没有加入这个行列。

9 日本的城市战略

菱野新城与湘南生活城

20 世纪 60 年代即将结束之时，当时的爱知县桑原干根知事（相当于中国的省长）突然提出邀请，说爱知县想建设一个 3 万人规模的新城市，你能来帮助设计吗？桑原知事是偶尔在火车上读了在当时成为畅销书的我的《城市设计》，非常感动。当知事说"这本书对未来城市有启示作用，一定要以这本书的思想作为蓝本来设计新的城市"这句话时我非常吃惊，当时我还是大学院读博士课程的学生。

于是，我接受知事的委托，运用基于生命原理的新陈代谢、共生理论，将环状城市、没有中心的城市和细胞城市作为关键词设计一座城市，这就是已完成的爱知县濑户市的菱野新城。

菱野新城的第一期被分为三个簇群。在迄今为止的日本的城市规划中，都是在邻里住区的中心区配置区级政府办公和学校、商业设施等。在这里则是中心部位为山岭，以保护现有的绿化。即中心是空的，没有中心设施（核）。是城市由部分（小城市）组合而成的一种思想方法。各簇群的细胞与细胞之间，即细胞（簇群）的周边建设相关服务设施形成网络，它们是学校，是商业中心，是从核心转向网络的革命。

几年以后受藤泽市金子市长的邀请，又有了湘南生活城（藤泽新城）的设计委托。那是面向新的时代，整个日本都充满了挑战精神的时期。知事和市长有了强势的地位，地方政府的首长通过直接选举产生，具有和总统一样统辖整体的权限。

被规划成三个细胞（小城市）集合
的菱野新城，在各个细胞的中心保
留着山岭，实现了没有中心的城
市。［濑户市菱野新城（1970 年）
的鸟瞰照片（上）和草图（下）］

摄影　国土地理院

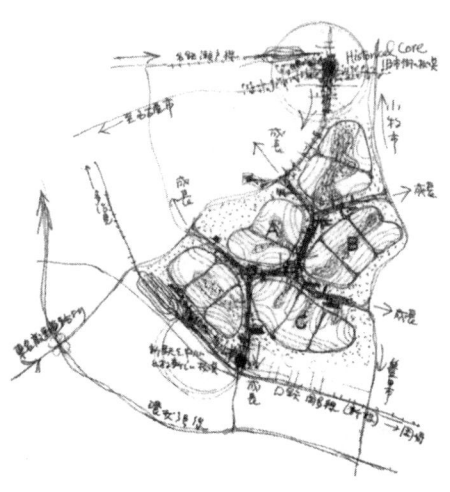

假如他要以一个思想来建设城镇是能够做到的。现在，与其说寻求创造性还不如说只是对结果的公平性的讨论多一些。即使是知事和市长，与其他亚洲各国相比，发挥领导权威还是困难的。

那时的日本开始高速成长，是每个人都怀揣希望，憧憬未来的时代。另一方面，从农村流入城市的人口在剧增，东京也好，名古屋也好，为了容纳扩大的人口，被迫需要进行新市镇的建设。在那样的时代里，我想通过一个能够理解我的共生思想，具有预见性的领导者，使思想有效地应用于具体的城市建设中。

湘南生活城是个划时代的规划，整个用地范围内有560家农户，按照通常的做法大概会用推土机整个推平，在上面建设新城。多摩新城等除了一部分外，几乎都是以这种形式建成的，这是当时通用的开发模式。

但是，在湘南生活城规划的时候，因为是有农田和农户村落的用地，于是我在思考，能不能在保留农户和其土地的同时创造新城市呢？难道不能与农业共生吗？因此，和市长商谈，进行新的挑战。他们接受了这一点，集合了优秀的局长、部长班子，开始均等的从农户收购50%的土地，保留农户，在这个方向上交涉并原则上达成一致，这个做法后来被称为藤泽方式。

在这片广阔的用地之中，散布着保留的农户村落，因为收购一半的农业用地，另一半就形成了散布于其间的状况。将保留的农业用地汇集到各个所有人所在村落周围，将附有农业用地的农户村落作为一个细胞（簇群）来建设。换地后做区划整合，在收购的部分上建设新的细胞（居住簇群）。创造大胆的"农业与城市共生"规划。

我从收购土地时开始协助，也参加了置换土地的设计，只用了一年多，这个宏大的四万人规模的城市土地收购就结束了。并且完成了作为保留的簇群和新建设的簇群集合体城市的非常独特的总体规划。

在湘南生活城用地内的农户用地被保留了50%，为保留丘陵和乡间山丘，道路被规划成曲线形状。瞄准城市和农村（农业）共生的目标，簇群与簇群之间设置了行政服务和学校等线性的市中心。[湘南生活城（藤泽新城，1967年）的鸟瞰照片（上）和用地规划（下）]

摄影 国土地理院

153

我在这里还有一个想要实现的事情，那就是尽量保存这个地区留下的乡间山丘、森林以及树木。当时，为了住宅开发，是没有保留乡间山丘等设想的，所以这个想法是划时代的。有小丘陵和坡地上的树林，保留了典型的日本农村的乡间风景。为了留下那些树木和森林，沿着地形建设道路是最好的办法，没有必要硬要将道路修得笔直。通过沿着地形将道路灵活地做曲折变化，能够保留下来农户、乡间山丘和树木。

但是，问题是建设省不了解这样复杂的修建规划，因为这是要从国家拿补助的项目，所以必须要有建设省的同意。从当时的建设省区划调整科科长那里得到的指示是："如果不推平修建格子状的道路，效率会很差，不能给补助费的"。我为此苦斗了一年时间，再有藤泽市长的强烈支持，终于让人理解了这个世界上第一个农村与城市共生的规划。通过原则上将道路的交叉点做成 T 字形，引入了步行者优先的人车分挡这个新的道路方式。建设省连这个也反对，最终建设了两处十字路口作为妥协才得到了批准。湘南生活城从那时起经过了约二十年，在 1990 年代得以完成。

对我来说，能在年轻的时候就经历过爱知县菱野新城、湘南生活城这样两个实验性质的城市建设，对后来的城市规划工作具有重要的意义。后来成立了有别于建筑设计事务所的城市规划专业的城市设计顾问机构，积累了许多城市规划和景观设计的业绩。但在这两个新城市建设上的思考和经验，成为直到现在的信念。现在在中国、新加坡、马来西亚、哈萨克斯坦等地的发展形态就是向着实现它在进行。

东京水权力的恢复

我在半个世纪里，作为志愿者在思考东京该怎么办的课题，但遗憾的是仍然没有结果。

首先，最想在东京尝试的是"城市与自然的共生"。东京再有些自然就好了，看看江户时代的百所名胜，与河流和港口相关的风景、景观很多。不忍池、隅田川、日本桥、佃岛、月岛、东京湾，以及运河等有水的风景都很美。江户是有水的城市，运河也很多，江户时代的物流使用船只来运送大米等粮食及木材、肥料。

不过，现在的东京首先是失去了河流。银座的数寄屋桥是以桥为地名的道路，虽是有河架桥，但是河被覆盖形成了暗渠，上面建造了高速路，就是东京的首都高速路最初的工程。我针对它进行了反对运动，在《城市设计》中写道："失去了水面的城市必死"。到今天，有了呼吁拆除日本桥的高速路使运河的风光再现的运动，但已经迟了半个世纪。

另一个是东京湾。我到东京时首先想去看的地方就是东京湾，找到住处后马上向着东京湾步行，可遗憾的是无法看到东京湾。说起来是不可能到达东京湾的，在东京湾里密密地排列着工厂和仓库、发电厂、炼油厂、炼铁厂、港湾设施等，走到这些设施的门口和围墙边就完全走不了了。即便请求守卫打开门走到工厂中的深处，由于那里有码头，一般的人无论如何也进不去。我对此感到非常的受冲击。从东京特别是从银座看，东京湾应该就在眼皮底下，但却怎么也找不着了。

于是我开始了围绕东京湾的战斗，到现在为止提出了各种各样的建议方案。其中之一是"东京规划2025"，是汇集早稻田大学的尾岛教授和其他各专业的七名专家研究讨论后，在经济企划厅的记者俱乐部上发表的，是在东京湾里建设面包圈形状的岛这样的没有中心的环状城市方案。

为什么要建岛呢？如果你调查了东京湾的水质就能明白，它已被严重污染了。为了净化东京湾，在东京湾深处的水位变浅时疏浚淤积的污泥是有效的，问题是那些污泥的量，因为堆积了将近 7 米厚，计算一下至少有富士山的 1/3 以上。如何将它们处理掉呢？如果送到岸上会成为公害，所以只有集中固定在东京湾的中间了。这样一来，使用混凝土和土建造坚固的人工岛，如果东京湾的水变深了，潮流的量会增加，净化湾内就成为可能。如果东京湾能够净化，不就会在滨水区形成人们能够居住的环境吗？这个东京湾净化战是"东京规划 2025"构想的契机。

另外，在这个构思中，提出了为净化从河流流进来的污染物，在河口设置中水管道设备；因海岸线的浅滩和水线部分生态系统密度高，应停止填海；从 99 里处开挖运河到东京湾的深处，引入太平洋的海水等建议。

这个构想的另一个主题是在现有的东京街道上大胆引入人工自然。作为引入东京街区的自然就是"森林"和"运河"。

所谓"森林"的引入，举例说就是如果有中小学校，将校园周围建设成森林的学校林的构想。那么就能在东京之中创造无数小的森林。在导入自然的同时，也能成为一种防灾对策，由地震引发火灾时，这种小森林可以具有防火墙的功能。

在"运河"计划上，也有恢复江户运河的想法。通过建设两条连接东京湾的巨大运河，可以将海洋的芳香引入到东京的内陆部分，为此，东京湾的净化是重要的。另外我认为，两条巨大的运河也可以起到防止由地震引起的火灾蔓延的作用。运河的土地可以与人工岛的土地等价交换来取得。

东京湾的人工岛提供普通民众能住得起的住宅。与银座是近距离的。这样一来，人们居住在市中心的城市这个构想不就能实现了呢？

东京湾净化大战是疏浚淤积在海底
的污泥建设人工岛。人工岛是没有
中心的环状城市，在东京现状街区
内开挖两条环形运河，通过它们可
以引进来太平洋的海水［东京规划
2025（1987年)］

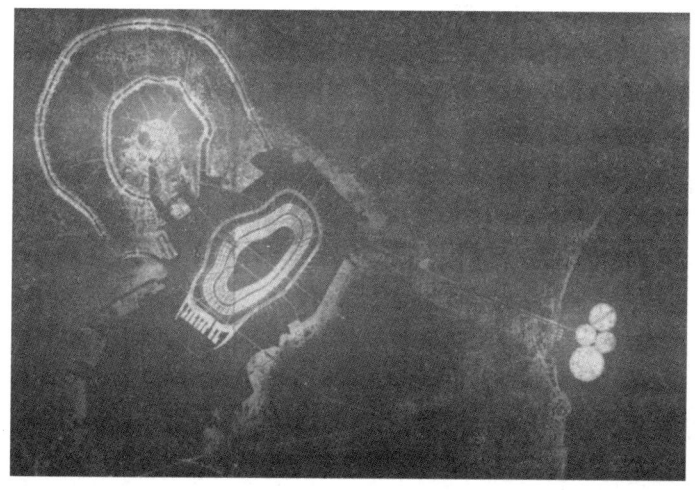

摄影　大桥富雄

记得在海部俊树担任首相时，关于这个"东京规划2025"，还应邀前往官邸进行了说明。他说"国家在搞这个项目上存在财力问题，短期内是不能进行的"。实际上国家没有从正面来接纳这个计划，但是，我所提出的问题即便到现在，也没有改变其有效性吧。

合作与融合的必要性

在爱知县的菱野新城，藤泽市的湘南生活城，以及"东京规划2025"的方案里，融入了应该国家考虑的世界战略、城市战略的主题。地方层次的事情，假如市长和知事获得领导权的话是有办成可能性的，但如果是国家和大城市的问题，很遗憾，不得不深切地感受到在日本要实现是困难的。这是因为在明治以来官僚机构的上下级行政组织中存在着问题。

在将目标确定为一个的情况下，现代化的实现通过专业分工、专业化容易达到。但是现代化的结果使专业领域逐渐细化，学术界也被细化了。也许可以深入探讨各自领域，但不能将它们加以综合面对未来的挑战。为了城市的革命，要将各种各样的学术作横向的联系、合作，必须面对目标大胆地创造性的决断。但是，因现代化、专业化过度的另一面是培养不出综合、全面的专家。这是现代化等同于专业化的缺陷，从明治以来的所有制度，现在逐渐呈现出制度疲劳。

前面叙述过，考虑物流，必须将航空货运、卡车货运、海运、铁路货运作为一个综合的系统构筑。但是，现在在日本，航空、道路、铁路、港湾的专家各自为政，管理他们的部门也不同，即使成立国土交通省在一定程度上加以统一，但没有省内的横向联系，只达到召开相互联络会议的程度，没有考虑世界战略。在大学也有相同的问题。

为从整体上改革城市，构筑综合的、新的系统，必须建立超越机关上下级行政关系的新体制。现在的官僚组织也好，大学也好是不适应的。

阪神大地震后，我受当时的贝原知事的邀请，在曾经的尼崎工厂地带上构思建设新的城市。但是，距离海岸线的一定距离被画了一条线，从这条线到海岸线之间的范围归港务局管辖，在那里规划什么，都要经过港务局召开港湾审议会进行审议。作为原则，在那里只能建设港口设施。尽管想建设可以眺望大海，脚下停泊着小船这样的滨水住宅区，但原则上是不可能的。这是与我来到东京看不见东京湾，吃惊的经历相类似的。在港湾里能建设的只是仓库、卸货场地、集装箱码头、炼铁厂之类的工厂、港口设施，以及与此相关联的产业设施。

我设想，想办法在那里打开一个缺口，如果能够在港湾里建设美术馆和住宅等，创造面向大海的街区的话，就能建设新的尼崎。虽然这么想，但却做不到。即便搬出国土交通省内的城市规划局，也无法在港湾中挤出位置。结果只是"能够理解黑川先生说的事情，但我们自己也毫无办法"。

在纽约，有将港口整体规划建设加以综合控制的港务局，但这样的设想在日本好像没有。然而，在中国、马来西亚和新加坡等国家，包含港口和飞机场的城市建设是很正常的事，为什么只有在日本，不能建设21世纪型的城市呢？海外的官吏与日本的官吏相比，采取的是相当灵活的战略。他们和日本的官吏在什么地方不一样呢？例如在新加坡、马来西亚，官吏干部比起日本来，海外留学的占压倒性多数，大学的教授也是这样。接受的教育是国际性的，人际关系也是国际性的。因为同年级学生分布在各个国家，通过这一人脉可以及时了解最新的世界动向作为个人需要的热点信息。当然没有不会说英语的人。

还有，海外的官吏想亲自制定政策的人很少，竞相招聘海外和国内民间的优秀人才并不断学习，最大限度地利用世界顶级的创造才能，以及政治家的制定政策的能力，即表现出优秀制作人的立场。

大学也如此，没有像日本从教授到副教授、助手这种封建的人际关系，不断地搜罗海外优秀的教授。

落后的日本机场和港口

有人说中部国际机场建成，名古屋恢复元气。对于名古屋出身的我来说非常高兴，但关于机场和港湾还是有很多问题。

十五年前，我在新加坡被宴请参加世界华侨的集会，在这个集会的晚宴上听到用华侨的资金订购了数艘八万吨级的集装箱船，相当吃惊。在当时，即便是大型的集装箱船，其四分之一或五分之一是主流的一万吨级，八万吨级的集装箱船是想也不敢想的大家伙。但我在那里受到启发，新加坡和香港在进行港湾大改造，不是将八万吨级的集装箱船的出入作为前提吗？当时日本港口的水深在 10～13 米左右吧，如果是八万吨级的船，就需要 15～16 米的水深，是进不去日本的集装箱港的。但是，假如订购了八万吨级的船，那用这种船进行货运实际上就要开始了，这是很重要的事情。

回到日本后，我立刻去当时的运输省进行了说明，到当时的服部事务次官那儿说"现在世界开始发生了很大变化，集装箱船已经进入了八万吨级，如果这样的话，日本的港口哪一个都进不来，这是个大问题，因此请马上加深水深，修建能够适应八万吨级大船的新的集装箱港。"我两三次去拜访说明我的主张，但他对我说"如果那是真的话，非常重要，因为我不是专家，所以要集合科长以上的人员研究，请你做一个演讲吧。"于是进行了四个小时的讲演，当时的竹下登内阁的佐藤信二运输大臣也出席了。

当时日本的港口在集装箱的吞吐量上绝对是独占亚洲之首，因此尽管我说如果放弃不顾事态就会很严重，但都一点也听不进去。当时的港湾局长是这样说明的："因为我们是专家，所以交给我们吧"。

没办法只好向竹村健一等所有有名望的记者和评论家说了。从那时起经过十年左右，日本终于感到了事情的重大，开始了加深集装箱港深度的计划。

但是在马来西亚，我的话引起了马哈蒂尔首相（当时）的兴趣，立即开始修建柔佛的PTP（集装箱港）。另外，我作为顾问的深圳市也立刻开始行动，在深圳新建的集装箱港的水深在15～16米。从那经过十五年再看，日本的集装箱的承接量锐减，占据亚洲前位的是香港、深圳、高雄、釜山、新加坡、马来西亚等等。

作为国际战略的中枢机场

关于飞机场可以说也是同样的。飞机现在分为走波音式道路（小型化）和走空中客车式道路（大型化）两种。但是高速化这个方向今后大概是不会改变的，例如关于协和式的后代机型日本也参加了，新机型的开发正在进行。

一旦进入高速化的时代，如果欧洲有三个，亚洲有三、四个，北美有两个左右的国际中枢机场比较好。例如巴黎到东京6小时，伦敦到东京6小时，纽约到东京6小时，这样在主要的中枢机场之间高速客机往复飞行。中枢机场之间相连接的话，之后利用通常的巨型喷气机就能从中枢机场转往各地。靠近中枢机场有相应的大城市，假如能建设四条以上的跑道，在哪儿都行。

日本怎么样呢？建设机场时所重视的只是这个地区有什么样的需要，而没有作为国际战略的中枢机场这种设想和战略。关西机场建设时也只是考虑关西地区的航空需要是多少，设置了一条跑道；成田机场修了两条，也仅仅是两条跑道；中部国际机场是一条跑道。

在世界上，就不仅要考虑这个地区的航空需要，还要进一步考虑将来面向整个世界的国际战略。例如马来西亚，假如仅看它的人口，只有2000万人，是日本的五分之一。但是我设计的吉隆坡新机场，远期规划中有五条长4000米的跑道。如果只考虑国内市场，在马来西亚应该没有这个必要，一条或两条就足够了。其规划5条跑道就是从世界的航空战略来考虑，要成为亚洲三、四个必要的中枢机场之一。假如三、四个就行的话，那优先建设的就取得了胜利。规划产生需要，将其作为引爆剂，将首都功能转移到机场周边，规划硅谷和生物谷。这就是马来西亚马哈蒂尔首相的超级多媒体走廊的国际战略。

需要存在于世界之中。不只是马来西亚的人们使用，假如日本没有能够着陆的机场，从纽约发出的高速客机便会首先飞马来西亚、香港或上海。日本人再从马来西亚乘坐JAL来日本，这样的话日本当然就成为地域性的了。

为了补偿这个日本在国际中枢机场建设上的失败，有下面这样的"黑川试行方案"。如果将关西机场、大阪机场、新神户机场和中部国际机场以直线连接的话，二十几分钟就能往返。如果这样，就和英国希斯罗机场第一航站楼到第三航站楼之间运行的巴士时间没多大差别了。因为日本多台风，关西机场和中部国际机场在台风时，必须二选其一，使用其中一个。这样一来，包括未来的规划，可以考虑形成有三、四条跑道的双生机场（网络机场），也能成为实质上的国际中枢机场。JR东海实验成功了时速550公里的磁悬浮列车，将其最初的区段建在关西机场和中部国际机场之间不是很好吗？

为了日本将来能长久地持续生存下去，就要在世界战略中来思考日本，必须在日本国土上实现下一代形式的计划。尽管采用丰田方式低成本地建设了中部国际机场，但没有世界战略的话，那在世界上就没有什么可夸耀了。在日本现在有公共事业不好，不要追赶建设高速公路的潮流。当然，我也反对在不需要的地方建高速公路，但是为了 21 世纪日本能在世界上生存下去，需要做的事情哪怕从世界银行贷款也好，利用民间资金也好，都必须要做。为了将关西机场和中部国际机场连接起来，作为一个中枢机场的投资将成为面向未来的最紧迫的重要投资。

还有，连接机场、港口、铁路、高速公路的无缝隙物流系统不尽早确立的话，在物流竞争上日本也要完全失败。为此，直接连接港口和机场的高速公路，直接连接港口和铁路的高速公路是必要的。现有的高速公路就像东京和大阪那样只连接大城市、地方中心城市，是为人流动的高速公路，没有建设物流网络的设想。为了下一代的产业必须预先向物流高速公路投资。

我知道哈萨克斯坦、中国、马来西亚、新加坡都有具有展望未来国际战略的领导人，日本若没有未来的国家战略能持续生存下去吗？

给世界的建议，给亚洲的建议

地球环境问题，不管怎么样是需要花费时间的话题。铺设从昆明到新加坡的货运铁路的计划，实际上也要花时间，有许多困难。要经过几个国家，事关政治，也有金三角地带的安全问题、各个国家的社会制度不同问题。在这各种各样的问题中，谁会综合统筹，控制长期的构想呢？

我想规划人员和建筑师的作用是和所有的专业领域合作、

综合，实验模拟地球环境和城市未来，设想未来。

正因为 NGO 和民间不像外务省那样代表政府，所以可以在国家和国家之间穿梭。

日本现在发生停滞的最大问题点是国际化迟缓，可以说是闭关锁国。尽管已进入无界限时代，但政治、官吏、大学都还面向国内，媒体世界也完全没有报道日本的劲头。有多少日本生产的电视节目和出版物在各个国家发行呢？海外人才的任用也极少，在现阶段，政治人物不是只有取得日本国籍的民主党的弦念丸呈（Martti Turunen）吗？

回顾一下日本漫长的历史，在重大的时代变化时期，都任用过外国人。老早以前就有国外来的人，明治时期也任用过外国人。

在艺术的世界里也是如此，在有田瓷器的发展背景中，有景德镇的手工艺人组成团队来日本进行指导的事实。众所周知，建造东大寺时招募过外国的技术人员。当时在日本还没有铸造像东大寺大佛那么大的铸造物的技术，一种说法认为有来自于欧洲、印度以及中国和韩国的技术人员。从古代起，通过丝绸之路，各个民族进行交流，以遣唐使的形式，从日本有大量的人去中国进行学习，中国也任用日本人做官吏。究竟为什么现在的日本反倒变得这样的内向呢？

国际感觉与世界战略

日本，从人口来看绝不是小国，拥有 1 亿以上人口的国家在欧洲也好，在亚洲也好都没有那么多。也就是说本国具有市场，无论汽车产业、家电产业或者农业，首先自己国内都有市场，然后再考虑出口战略。

与之相对，例如新加坡是人口少，国土也狭小的岛国，国内的市场很小，这样的小国从最初就不得不去考虑在世界上的生存。他们的设想是如何将自己的国家融入世界之中生存下去，经常在国际的视野中来看待自己的国家。

中国与日本相比，虽然还处于发展阶段，但并不考虑将日本作为发展的范例。常常思考世界性的战略，具有考虑超越美国位于世界最前列的野心，或者是国家战略。因此，无论召开奥运会，无论建造建筑，甚至在城市建设时都将"世界第一"作为目标，不是"上海第一"、"中国第一"，也不是"亚洲第一"，经常的口号是"世界第一"。

为了建设世界第一的城市，邀请世界一流的国际人才举办国际竞赛，追求的是人才，与美国人、法国人、日本人等国籍没有关系。将世界第一作为目标，与能够创造世界第一的人们联起手来这个想法才是真正的国际化。

在日本，政治家倾向于当地，官吏倾向于国内，因此没有创造世界第一的挑战精神。这不是"因以往没有失败的失败"吗？日本在战争中失败了，但之后成为世界第二经济大国。明治以后直到现在日本的现代化是成功的，这是由于优秀的官吏组织。没有失败经历的官员，有如果做与以往做过的事相同的事情就不会错的态势、态度和想法，即不挑战新鲜事情，喜欢上下级的领导关系，不想冒创造、挑战的风险，因循守旧，形成了保住成绩的定式，这与在日本的官吏中蔓延滋长的"惯例主义"有关联。

在日本，如果要做什么新的事情，就能听到"这件事在哪里做过没有"这样的问话。我说："没有，这肯定是世界上的第一次"，对方说："这会有危险，黑川先生，找一下在哪里做过的事例吧，乡下也行，哪儿都行。总之，假如国内有先例就举出来"。

但是，如果日本以世界顶级作为目标的话，就必须创造出迄今为止没有的东西来。这就是创造性，是文化力，是技术革新。

因而，日本各个领域有才能的人，不得不在外国实现其挑战。在中国等世界各国正在逐步实现的最具挑战的城市建设，在日本国内是怎么也不会有的。日本的将来需要向创造产业进行转变和文化力，照现在这样发展，日本更要落后了。

文化力和 ODA

最近，外务省制订出重视文化外交的方针，虽然有些过晚，但也是相当不易的。森派的政策研究会 2005 年的主题是文化力。在经济界，以资生堂的会长福原义春为首主张有文化的经济的人也增多起来。在六本木新城设置 24 小时开放的图书馆和森艺术中心的森稔先生也是体会到文化力的财界人士。在防卫厅旧址，三井不动产主持的新的城市建设正在进行，那里有三得利美术馆，三得利的会长佐治敬三是将三得利音乐厅和美术馆等文化力作为事业中心的企业家。

日本为了将下一个新的经济发展作为目标，急切需要文化力、创造性，以及面向创意产业、创意城市的战略性对策。

历史上能够留下记忆的，不是哪个国家何时成为了经济大国。维多利亚王朝建造的维多利亚风格的城市，拿破仑三世时代奥斯曼主持的美丽的香榭丽舍大街，众多的建筑遗产和自然遗产，现在作为世界遗产保留着。在现代，巴西的新首都巴西利亚也被确定为世界遗产。

前人为我们这一代留下了宝贵的自然遗产和建筑遗产，那么，在将城市保护下去的同时，我们自己也必须创造应流传后世的建筑遗产、文化遗产，以及自然遗产。文化以民间的活动、个人的个性为基本，这是当然的，但为支持它的文化基础设施整合与资助则是国家的工作。

今天，日本的财政是赤字的，在呼吁从官方到民间、向小政府转变的呼声中，对文化的基础设施整合与和资助的预算却有减少而没有增加。因此我建议彻底改革 ODA 的内容和作用。

首先，为了能够将 ODA 作为国际战略有效的利用，让其直属于内阁。在现在的小泉内阁中，好像考虑将 ODA 的立项、审议、调整的指挥部设在内阁官房长官处，这种方式也是可以的吧。上下级行政关系的后果就是现在的十三个省厅都与 ODA 有关联，应该改革零零散散使用预算的状态了。

第二，是将 ODA 从面向发展中国家的经济援助这种结构框架向"不仅是面向发展中国家的经济援助，不论是发达国家、中等发达国家（刚刚体验过 ODA 的国家）、发展中国家，实行经济合作、文化合作、安全保障合作、研究合作、人才合作的结构框架"改变。这样的话，在安全保障上，紧急情况下对美国实行资金合作也就有了理由。

以中国迄今为止的结构来说，虽然结束了 ODA 援助，但实际上追求的是大规模的文化合作和伴随它的对配件的投资以及人才合作。

日本为了在世界上发挥它的作用，需要战略性的 ODA，而不是目前为止的这种 ODA 援助。特别是如果要候选成为联合国安理会常任理事国的话，不仅是印度、德国、巴西这些国家，也需要和其他发达国家建立各种各样的合作关系。援助发展中国家这个战后的版本，现在被迫要发生大的变革了。

拯救地球环境的方法，只有城市革命。这是发展中国家、中等发达国家、发达国家共同的课题。在世界新的城市建设、文化财产保护上采取积极的援助与合作。通过这些能够综合地致力于环境问题，包括反恐对策在内的安全保障、粮食问题、人口问题、SARS 和艾滋病等传染病以及福利问题等。

ODA 的预算将来也有增加的可能性，这是进入联合国安理会常任理事国的条件。这个 ODA 大约一兆日元的预算（将来大概能达到两兆日元）的 10%～20%，应首先紧急投资于国内和世界的文化力、创意产业的培育上，这是日本在 21 世纪中不被人轻看为只是单纯的经济大国、经济至上主义，为成为受尊敬的、在世界上起作用的国家的改革的第一步。

后 记

尽管大家都知道我作为建筑师的工作，但对我竭尽全力致力于海外各国的新首都规划等城市规划工作并不太了解。

城市不仅是反映时代的镜子，也是一张容易理解围绕在我们身边的矛盾，给我们以展示的石蕊试纸。小泉自民党的大胜、姊齿伪造结构计算书事件、令人痛心的孩子杀人事件、堀江门事件、伊朗总统选举、巴勒斯坦选举中哈马斯的获胜都是超乎想象的事件，世界的结构性大变化，观念的转变确实开始了。

以前我在《城市设计》中叙述了城市的历史是"神的城市"、"王权的城市"、"商人的城市"、"法人的城市"的变迁，其未来是面向"个人（生活）的城市"。如果能再次将城市恢复为个人（生活）的城市，城市的革命就实现了。

在那之后，我写了《流动人口》和《游动（新游牧骑马民族）的时代》。在那里我指出进入无界限化的流动化社会，包括地方城市在内将进一步推进城市化，并展望了"网状城市"。接着，在《城市学入门》（祥传社，1973 年）中，提出东京是300 个城市的集合体，是作为小城市集合体的城市。然后，在《道的建筑——走向中间领域》（丸善，1983 年）中宣告城市以广场为中心放射状发展的时代的结束，指出在应当到来的无界限时代，伴随着旧的社区的瓦解，将超越地域的"时间社区"这一新的人类关系作为情绪安定机构是必要的。

再有，将游牧骑马民族生活方式作为蓝本来分析无界限的"游牧的时代"，以流动人口的城市这一全新视点来分析江户，指出只有人步行的小巷才是流动社会的时间社区成立的场所，是个人与城市相连接的中间领域，是人类（生活）的城市的基本。

在这些著作的延长线上产生了这本《城市革命》。

现在，只有进行"城市革命"才是改变世界的唯一办法，不是吗？

黑川纪章

2006 年 2 月 15 日

译后记

　　2007 年 9 月，从中国建筑工业出版社接到翻译黑川先生这本书的任务时，与往常并无两样，只是把它当成了一件普通的工作。和以往的几本书一样，并没有急着动手翻译，还是在慢条斯理的先行阅读。可是就在这时，我们听到了一个让人无法相信的事实：2007 年 10 月 12 日黑川先生因病突然在东京逝世。如果说在这之前译书只是一份乐趣，那么当听到黑川先生去世的消息之后，便多了一份敬重，此后的工作都是在这样一种气氛中度过的。

　　黑川先生自年轻时起便加入了现代建筑运动，参加了 Team 10，参与了新陈代谢理论的提出，更重要的是他所提出的共生思想已成为一种共识。他是一位有着自己完整的理论体系并将其运用于实践的现代大师。从书中我们可以体会到黑川先生深厚的理论功底与广博的知识体系，到目前为止，似乎还没有一位建筑师能够有机会参与这么多国家的首都规划、大都市规划和新城规划，同时还有众多的建筑作品问世。尽管会存在不同的看法，但相信读者在阅读了这本书后，会对黑川先生的城市思想和主张有一个整体的了解，也会和我们一样从心底里尊重这样一位世界级的大师。

　　正是怀着这样一份心情，我们斟字酌句地力求完整表达出黑川先生的原意，虽然时间拖了很久，但现在终于完成了。

这本书大概也是黑川先生最后一本著作，如果有机会，希望能把这本译著献到黑川先生的墓碑前，算作我们对他的纪念吧。

译者
2009 年 6 月 6 日